Anónimo

LAS MIL Y UNA NOCHES

Adaptación: Armonía Rodríguez

ARIEL

JUVENIL
ilustrada

Título original:
Las mil y una noches
Anónimo

Texto original:
© 1973-1977 • **ARIEL • JUVENIL ILUSTRADA**
Adaptación: Armonía Rodríguez

De esta edición:
© 2018 • **ARIEL • JUVENIL ILUSTRADA**
Calle Nueva Ventura N58-102 y Juan Molineros
Telf: 328 4494 / 328 1868 • Fax: 328 3234
e-mail: editorial@radmandi.com
www.radmandi.com
Quito - Ecuador

Coordinación general: Lucas Marcelo Tayupanta
Dirección editorial: Sandra Araya
Diseño y diagramación: Viviana Vizuete Añasco
Ilustración portada: Nelson Jácome
Ilustraciones: Jesús Durán
Corrección de estilo: Jonathan Tayupanta Cárdenas

ISBN: 978-9978-18-166-9

Impreso por: Talleres Editoriales Radmandí
Quito - Ecuador
2018

CONSEJO EDITORIAL DE HONOR

Benjamín Carrión

Alfredo Pareja Diezcanseco

Hernán Rodríguez Castelo

Rafael Díaz Ycaza

LAS MIL Y UNA NOCHES, ANTOLOGÍA ORIENTAL

Las mil y una noches, obra maravillosa de la que Ariel presenta esta breve selección, adaptada a la mentalidad y la sensibilidad juveniles, constituye la más rica antología de cuentos surgida de la imaginación oriental.

Estos relatos tuvieron origen en los mitos, tradiciones e ideas religiosas y morales de los pueblos más dispares. Algunos nacieron en Persia, otros en Indochina, Egipto, Arabia, Siria, y África. Como no fueron creados por literatos sino por juglares, poetas populares y narradores de profesión, al viajar de pueblo en pueblo fueron variando, enriqueciéndose, ampliándose o recortándose, con las adiciones y modificaciones de sus innumerables creadores. Igual cosa que lo sucedido a los cantares españoles de gesta, que nacieron, crecieron y se pulieron al calor del pueblo, antes de pasar al ámbito de la literatura. De ese contacto con la emoción del hombre común le viene a *Las mil y una noches* el calor humano y la capacidad de emoción, que no han disminuido en sus más de mil quinientos años de vida aproximada.

Algunos estudiosos han señalado que *Las mil y una noches* es cual espejo que refleja el espíritu de los pueblos árabes. Y es que estos, al traducir los relatos, virtualmente los tejieron y configuraron definitivamente.

Las mil y una noches, en su texto original, es libro en el que se mezclan armoniosamente variadísimos temas: filosofía, religión, derecho, política, costumbres, supersticiones, con gran insistencia en los temas del amor de hombre a mujer (que cuidadosamente ha podado, por razones obvias, el adaptador español de esta edición). Y en el interior de los cuentos —como río subterráneo— circulan mensajes esotéricos y morales, fáciles de identificar para los iniciados en la filosofía hermética de Oriente.

Pero, aparte de eso, *Las mil y una noches* es libro hecho para divertir y cautivar. ¿Quién, aun en los remotos extremos de nuestro planeta, no ha escuchado o leído alguna vez cuando menos un cuento de *Las mil y una noches*, ignorando que forma parte de esa obra magna de la antigüedad? ¿Quién de nuestro mundo occidental no se ha deslumbrado oyendo las aventuras de «Simbad el marino», «Alí Babá y los cuarenta ladrones» o «Aladino y la lámpara maravillosa»? Pues todos forman parte de este libro profundo y grato, del que Ariel Juvenil ofrece una breve selección y adaptación.

Rafael Díaz Ycaza

LAS MIL Y UNA NOCHES

En el antiguo Imperio de Persia, hubo un monarca poderoso amado por su pueblo y temido por sus enemigos, que tuvo dos hijos: Shazenar y Shariar.

Hijos míos, mi reino será dividido en dos partes para que cada uno gobierne en una de ellas.

I

En el antiguo Imperio de Persia, hubo un monarca poderoso amado por su pueblo y temido por sus enemigos, que tuvo dos hijos: Shazenar y Shariar.

Tras un reinado feliz y dilatado, murió el monarca dejando sus dominios divididos en dos partes iguales: una para cada uno de sus hijos.

Pasaron los años y los dos hermanos, que se amaban entrañablemente, no habían vuelto a tener ocasión de verse, ocupado cada cual con sus deberes de Estado. Pero un día, Shariar, deseoso de abrazar a su hermano, le envió un emisario y cuando la comitiva ya estaba cerca de Samarcanda, Shazenar, salió a recibirla jubiloso.

—Mi señor, el gran rey de las Indias me envía para pediros que vayáis a visitarle sin tardanza.

—Si mi hermano, el sultán, arde en deseos de verme, no menores son los míos —dijo Shazenar al visir—, y como mis reinos se hallan en paz, nada impide que pueda partir dentro de unos días.

Tres días después, el sultán de Tartaria partía hacia las tierras de su hermano. Pero no se había alejado

El príncipe Shazenar se convirtió en rey de Tartaria...

...y Shariar...

Ahora soy el rey de las Indias.

mucho de palacio, acompañado de su séquito, cuando el rey Shazenar sintió de pronto un repentino deseo de volver a abrazar a su querida esposa.

Ordenó, pues, que todo el séquito le esperase en aquel lugar mientras él se volvía a grupas hacia su palacio.

Y cuál no sería su asombro cuando, en vez de encontrar a su querida esposa afligida por su partida, pudo darse cuenta que la Sultana había organizado una extraordinaria fiesta para celebrar su marcha.

El rostro de la esposa infiel se cubrió de una intensa palidez cuando descubrió que el sultán había regresado.

—¡Has traicionado el amor que te tenía y también mi confianza! —le dijo Shazenar dolorido.

La Sultana se hincó de rodillas e imploró su perdón. Pero Shazenar, loco de furor, sacó su espada de la funda que la protegía y la descargó sobre la infiel esposa.

Poco después, Shazenar, reuniéndose de nuevo con su séquito, prosiguió viaje hacia el reino de su hermano con una amargura profunda en el corazón.

Ni la alegría de volver a ver a su hermano, ni las jubilosas fiestas que el rey de la India había organizado para festejar su llegada consiguieron alejar la terrible tristeza que se había alojado en el corazón y en el cerebro de Shazenar desde el día que descubriera la traición de su esposa. Muy por el contrario, esta tristeza y amargura aumentó cuando un día, por pura casualidad, pudo oír la conversación que las esposas de su hermano sostenían en el harén, mientras el rey de las Indias

¡Volveré y le daré una sorpresa!

¡Desmonten! ¡Esperaremos a que el rey regrese!

Pero cuando el rey llegó a su palacio…

¿Y esta fiesta se está celebrando en mi ausencia?

Pero él no tuvo pie-
dad y regresó, tris-
te, con su séquito.

¡Shazenar, hermano! ¡Qué
alegría volver a verte! Pero,
¿por qué la cara de tristeza?

Una gran pena aflige mi corazón, Shariar...

se había ausentado en una cacería.

«Así que ni siquiera la esposa favorita de mi hermano le es fiel durante sus ausencias», pensó mientras en su corazón cada vez se afianzaba más la idea de que no había una sola mujer en el mundo en la que pudiera depositar su confianza.

Y cuando su hermano regresó de aquella cacería, le hizo partícipe de sus sospechas.

—¡Imposible! —dijo Shariar después de escuchar las revelaciones de su hermano—. ¡Las mujeres de mi harén todas me aman! ¡Ninguna podría traicionarme y menos que ninguna, mi favorita…!

—¡También pensaba yo eso de mi querida esposa, hermano. Y sin embargo…!

La duda nació en el corazón de Shariar y desde aquel día sometió a sus esposas a una estrecha vigilancia.

Y su corazón se llenó de amargura cuando pudo comprobar que las sospechas de su hermano se convertían en una terrible verdad.

—Yo las amaba, Shazenar… ¡Las amaba a todas…! ¡Creí que, aunque algunas habían sido traídas aquí en contra de su voluntad, mi dulzura y también mi amor, terminarían por convertir su antigua aversión en cariño, en verdadero amor! Pero no es así… ¡Yo las amaba, Shazenar! ¡Pero ahora las odio porque han sido capaces de traicionarme!

Al día siguiente, todas las esposas del sultán fueron condenadas a muerte. Y a partir de aquel momento se promulgó una terrible ley por todo el país: cualquier mujer, fuese de la condición que fuese, tuviera la edad

¡Sí! Además de hoy en adelante, por ley, todos los días tomaré una nueva esposa, pero esta será decapitada al amanecer. ¡Así ninguna podrá traicionarme!

Y esta ley sembró de terror a todo el país.

¡La guardia del rey de Indias!

¡Corramos a esconder a nuestras hijas!

que tuviera, podía convertirse por voluntad del sultán en su esposa. ¡Pero solamente por un día! Al amanecer de la noche de bodas, invariablemente, la nueva esposa del sultán sería decapitada para asegurarse así que el gran señor nunca pudiera ser traicionado.

Y el país entero se llenó de duelo.

Las jóvenes temblaban cuando la vista del sultán se posaba en ellas... Los padres suplicaban inútilmente el perdón para sus hijas... Las madres vertían amargas lágrimas por la desaparición de las más bellas y jóvenes doncellas...

Y el antiguo amor que los súbditos habían sentido por su soberano se transformó en un profundo rencor y odio.

Y ni siquiera los sabios más ilustres del país sabían cómo poner fin a aquella crueldad y matanzas.

Pero un día, el gran visir de las Indias recibió en su palacio la visita de una de sus dos hijas.

—¿Estás loca, Sherezade...? —gritó el visir muerto de miedo—. ¿Cómo te has atrevido a venir aquí? ¡Corre! ¡Corre a esconderte en casa como te tengo ordenado! ¡No quiero que el sultán descubra que tengo dos hijas y se le pase por la cabeza casarse con alguna de ellas!

—¡Oh, padre mío! —contestó la muchacha—. ¡No tengo yo ningún miedo de que el sultán me descubra porque yo, padre, quiero casarme con él!

—¿Qué...? —respondió el gran visir no dando crédito a lo que oía.

—Sí, padre. ¡Yo, Sherezade, quiero casarme con el sultán!

—Pero, ¿acaso no conoces la ley, hija...?

—Precisamente porque la conozco es por lo que deseo casarme con él. ¡Tened confianza en mí, padre mío! ¡Tal vez, lo que no han conseguido los sabios más sabios del país, lo pueda conseguir una pobre muchacha que solo dispone, como arma, su imaginación!

Y la determinación de la joven era tan firme que el gran visir no tuvo más remedio que acceder a sus deseos.

Y el sultán se quedó boquiabierto ante la petición de su súbdito.

—¿Y dices que ha sido tu propia hija la que te ha pedido que la cases conmigo? ¿Tanto me ama?

—No lo sé, señor. Pero si en algo apreciáis los largos años de servicio que os he prestado, no os caséis con mi hija, por favor.

Pero los ruegos del gran visir no sirvieron de nada.

Se comenzaron los preparativos para la próxima boda del sultán.

En la casa del gran visir todo era tristeza.

Dinazarda, la hermana menor de Sherezade, lloraba amargamente mientras ayudaba a su hermana a vestirse para la ceremonia.

—¿No tienes miedo, Sherezade? —le dijo tristemente.

—¡No, Dinazarda! ¡No tengo miedo! ¡Todo saldrá bien si tú me ayudas!

—¿Yo...? —le preguntó la muchacha.

—¡Sí! Quiero que esta noche duermas en la habitación contigua a la que ocupemos el sultán y yo. Y antes de que amanezca, nos despertarás. ¡Pídeme entonces que te cuente un cuento de los muchos que yo sé! ¿Lo harás así, Dinazarda?

—Así lo haré, hermana mía, si quieres que esta sea tu última voluntad.

Y Sherezade abandonó la casa de sus padres con una sonrisa en sus labios mientras se dirigía a palacio donde ya la esperaba el sultán.

Y también con una sonrisa en los labios se casó con el soberano. Y con una sonrisa le acogió cuando este se aproximó a su lecho.

—¿Por qué no tiemblas como todas? —le preguntó el sultán.

—No os tengo miedo, señor —tranquila y confiada esperó el amanecer.

Y el amanecer llegó.

II

—¡Sherezade! ¡Sherezade! ¿Quieres contarme un cuento?

—¿Cómo…? —gritó airado el sultán, viendo que alguien le había despertado—. ¿Quién es esta muchacha que se atreve a interrumpir mi reposo…?

—¡Es mi hermana Dinazarda, señor! —dijo Sherezade—. Y si me lo permitís, le contaré un cuento hasta que termine de despuntar el día.

—¡Sea! —respondió el sultán—. Quizás con ese cuento yo también pueda volver a conciliar el sueño.

Y Sherezade comenzó su narración:

«Hace mucho, muchísimo tiempo, hubo un mercader muy rico que debido a sus negocios debía hacer frecuentes viajes. Y un día, en uno de ellos, se paró a descansar a la sombra de unos frondosos árboles aprovechando aquel momento para saborear algunas de sus provisiones.

»Y de pronto, ante su espanto y asombro, de entre las arenas del desierto se fue elevando un genio que se fue haciendo grande… ¡Muy grande…!

—¡Vas a morir! —gritó el genio.

No os enojéis, señor, es mi hermana Dinazarda que quiere que le cuente un cuento antes de yo morir. ¿Me concedéis esa gracia?

¡Sea! Tal vez ese cuento me ayude a conciliar nuevamente el sueño...

Y Sherezade comenzó su primera narración...

Érase una vez un pobre mercader que iba de viaje, cuando le salió al encuentro un genio malvado que le dijo:...

—¿Por qué? —preguntó el mercader.

—Porque has matado a uno de mis hijos.

—Pero si yo no he visto a nadie —gimió el mercader.

—¡No importa! —le respondió el genio—. ¡Has tirado los huesos de los dátiles que te has comido a derecha e izquierda y eso es suficiente!

Y entonces, el genio levantó su alfanje y se dispuso a descargarlo sobre el infeliz mercader.

—¿Qué pasó después? —preguntó Dinazarda, muy interesada.

—Pues, creo que no podré continuar con el cuento —respondió Sherezade mirando al sultán—. ¡Ya es de día y debo morir!

—¿Cómo...? ¿Qué...? —dijo el sultán que en lugar de volver a conciliar el sueño había estado escuchando a Sherezade muy atentamente.

—¡Que es de día, señor! ¡Según la ley que vos mismo habéis promulgado, debéis disponer de mi vida!

—¡Sí, sí, claro...! —replicó el sultán—. Pero, ¿cómo termina el cuento?

Sherezade iba a responder cuando vinieron a avisar al sultán que debía prepararse para presidir el Gran Consejo que ya estaba reunido.

—¡En fin...! ¡Ahora no tengo tiempo...! ¡Y como seguramente a Dinazarda le gustará escuchar el final de la narración, os concedo una noche de perdón! ¡Mañana, al amanecer, proseguirás el cuento! ¿De acuerdo...?

Y el sultán abandonó la estancia dejando a las dos jóvenes muy contentas.

Al día siguiente, Dinazarda despertó a su hermana y al sultán al amanecer, y Sherezade continuó su narración:

¿Y se lo concedió?

Pues no creo, señor, que ahora pueda continuar mi narración. Ya es de día y debéis disponer de mi vida como vos mismo habéis ordenado.

¡Señor, ya es hora de ir al Concejo! Llegaréis con retraso a vuestras obligaciones...

III

—¡Vas a morir! —gritó el genio.

—¡Concededme, al menos, un año de perdón para que pueda poner en orden mis asuntos y no deje tan desamparados a los míos! —pidió el mercader.

—¡Sea! —replicó el genio—. ¡Pero pon a los dioses por testigos de que acudirás a la cita conmigo una vez transcurrido ese año! ¡Y si no vienes, yo sabré buscarte hasta el fin del mundo!

El pobre mercader se alejó de aquel lugar más muerto que vivo y cuando llegó a su casa contó a su familia lo que le había pasado. ¡Un año entero transcurrió! Finalizado el plazo, el desdichado mercader ante la tristeza de los suyos, abandonó su casa para acudir a la cita con el genio.

Estaba sentado bajo los árboles a cuya sombra un año antes tuvo la desgracia de comerse unos dátiles, cuando acertó a pasar por aquel lugar un anciano que llevaba una cierva.

—¿Qué haces aquí? —le preguntó.

Y el mercader le contó su desdicha.

—Me gustaría asistir a tu encuentro con el genio

—dijo el anciano—; me quedaré a esperarle si tú me lo permites.

Y el anciano se sentó junto al mercader. Pero no había transcurrido mucho rato cuando pasó por allí otro anciano que llevaba dos perros negros. Les saludó muy afectuosamente y no dejó de extrañarse de encontrar viajeros en aquel lugar tan apartado. El dueño de la cierva le contó la aventura del mercader y el anciano de los perros decidió quedarse allí para ver cómo terminaba todo.

Pero todavía acertó a pasar por allí otro viajero que también decidió hacerles compañía.

Y fue en ese preciso momento cuando se presentó el genio.

—¡Te voy a matar! —gritó.

Los tres ancianos comenzaron a llorar implorando el perdón del mercader. Pero el genio no se apiadó.

—¡Déjame, al menos, que te cuente la historia de esta cierva! —dijo uno de los ancianos—. Y si ella es digna de tu atención, concédeme la tercera parte del perdón de este desdichado.

—¡Sea! —respondió el genio—. Pero no creo que tu historia me interese tanto.

Y el anciano de la cierva comenzó su relato.

* * *

Tenía yo una esposa con la que viví treinta años sin conseguir descendencia. Y deseoso de tener un hijo, tomé una esclava que me dio un heredero. Pero mi esposa —que sabía algunas artes de encantamiento—,

40

celosa de la esclava y de mi hijo, les convirtió en vaca y en ternero. Y como yo no sabía nada de este encantamiento, cuando llegó el gran Beirán, decidí matar a la vaca para celebrarlo.

Y cuál no sería mi asombro cuando descubrí que a la muerte de la vaca, el ternero lloraba amargamente.

—Es que es vuestro hijo —me dijo la hija del colono al que había mandado a matar a la vaca—. Vuestra esposa les convirtió en vaca y ternero.

—¿Y cómo podría conseguir que ahora mi hijo recuperase su estado primitivo? —le pregunté.

—Yo puedo lograrlo, pero con dos condiciones. Primera: que vuestro hijo se case conmigo. Y segunda: quiero castigar a la que tanto daño le hizo.

Accedí yo a este deseo, rogando, no obstante, a la hija del colono que no quitase la vida a mi esposa. ¡Y no le quitó la vida, pero la convirtió en una cierva!

Y ahora voy por estos mundos con ella en busca de mi hijo que, después de enviudar, se marchó de viaje y nunca más he vuelto a verle.

* * *

Muy interesante esa historia —dijo el genio—, pero no merece que te conceda la totalidad del perdón del mercader.

Entonces intervino el viejo de los perros.

—Permitidme que yo os cuente la mía, ¡oh, gran genio! Tal vez os interese más.

Y el anciano de los perros dio comienzo a su relato.

* * *

Estos dos perros que aquí veis son mis hermanos. Mi padre, al morir, nos dejó, a los tres, igual fortuna. Pero mientras mis negocios florecían, mis hermanos se arruinaron viajando por el extranjero.

Me apiadé de ellos y les di una participación en mis negocios. Y un día, me convencieron para que los tres nos fuéramos al extranjero.

—Recordad lo mal que os fue a vosotros —les dije.

Pero no me hicieron caso.

Vendí cuanto tenía y partimos con tal fortuna que yo doblé cuanto tenía.

Pero mis hermanos volvieron a arruinarse.

Regresábamos ya a nuestro país cuando en una playa vi a una bellísima mujer que me rogó que la llevase conmigo en mi barco. Me apiadé de su aspecto miserable y accedí a sus deseos, enamorándome al mismo tiempo de su gracia, su bondad y su belleza.

Todo era felicidad cuando, mis hermanos, celosos de mi buena fortuna, una noche me tiraron al mar junto con mi esposa para que nos ahogáramos.

Pero resultó que aquella hermosa mujer con la que me había casado era un hada y me salvó de las aguas.

Y dispuesta a premiar mi buen corazón, me devolvió a la terraza de mi casa sano y salvo, mientras convertía a mis dos hermanos en estos dos perros.

—¡Permanecerán así durante diez años! —me dijo—. ¡Ese es su castigo!

Y nunca más volví a verla. Ahora voy en su busca.

—¡No está mal! ¡No está mal! —dijo el genio—. ¡Tu historia me ha gustado! ¡Te concedo la tercera parte del perdón del mercader y al anciano de la cierva el otro tercio! Pero como todavía queda un tercio…

—¿Por qué no escucháis lo que yo tengo que deciros? —dijo el tercer caminante que se había quedado a hacer compañía al desdichado mercader.

—¿Qué tenéis que contarme? —preguntó el genio.

—Una historia muy interesante.

Y así empezó la otra narración.

* * *

Era yo un triste pescador que tenía que echar muchas veces la red al mar para poder sobrevivir. Y un día, particularmente, me lamentaba yo de mi mala suerte porque a pesar de las horas transcurridas en alta mar nada había pescado. Sin embargo, a la décima vez que recogí mis redes, vi que en ellas había una extraña botella de plomo. Estaba tapada con un tapón que llevaba un sello que entonces no comprendí su significado. Destapé la botella y un humo de color naranja comenzó a escaparse por el cuello de la misma.

Me asusté terriblemente y estaba dispuesto a arrojar aquella botella de nuevo al fondo del mar, cuando aquel humo colorado comenzó a tomar cuerpo y se convirtió en una figura gigantesca.

—¡Soy el genio Sacar, enviado por el profeta de Alá! —me dijo con una voz de ultratumba—. ¡Y voy a matarte porque no tengo más remedio…!

—¿Por qué? ¿Por qué no tienes más remedio? —le pregunté.

—Verás. Soy uno de los espíritus rebeldes que se opusieron a la voluntad de Alá. Pero al fin, lograron apoderarse de mí y me hicieron encerrar en esta botella que taparon con el sello de Alá y me lanzaron después al océano. Durante mi primer siglo de mi cautiverio prometí hacer rico a quien me liberase. ¡Pero nadie me liberó! En el segundo siglo me prometí que revelaría todos los tesoros de la tierra a quien me sacase del agua. ¡Pero nadie me sacó! Al tercer siglo me propuse hacer rey al que me librase de mi encierro. ¡Pero nadie me salvó de la botella! Y al cuarto siglo prometí la muerte a quien se apiadase de mí. ¡Ese has sido tú!

Yo estaba más muerto que vivo y no sabía cómo podría librarme de aquel genio soberbio y maligno. Y por fin, con voz trémula, dije:

—¡Pues yo no creo nada de lo que me dices! ¡No eres un genio! ¿Cómo puede una persona tan grande haber estado metida en esta botella…?

—¿Conque no me crees, ah? ¡Pues ahora verás!

Y sin más explicaciones la figura se convirtió en humo y este se volvió a encerrar en la botella. ¡Este era justamente el momento que yo esperaba! Tapé la botella herméticamente y lancé una carcajada.

—¡Ja, ja, ja! ¡Ahora te volveré a lanzar al mar y estarás allí cuatro siglos más!

—¡Sácame de aquí! —lloriqueaba el genio dentro de la botella—. ¡Te prometo que no te mataré!

¡Haré cuanto tú me digas!

Pero yo no me fiaba de su palabra.

—¡Sácame de aquí! ¡Te haré rico…!

Y al oír estas palabras vacilé. ¡Mi vida había sido siempre tan pobre!

—¿Me juras por Alá que cumplirás lo que prometes…? —le pregunté.

—¡Te lo juro!

Y volví a sacar al genio de la botella.

* * *

El tercer viajero terminó su relato. Y el genio que le escuchaba muy atentamente, le preguntó:

—¿Y el genio Sacar cumplió su palabra…?

—¡Claro que la cumplió! —respondió el pescador— ¡Todos los genios cumplen siempre su palabra! Como cumplirás tú con la tuya concediéndome la tercera parte del perdón de este mercader al que habías condenado a muerte, ¿no es cierto…?

El pobre mercader y los tres caminantes tenían el alma en vilo esperando la respuesta del genio que, por fin, dijo:

—¡Sea! ¡Vuestras historias me han complacido!

Y dando una patada en el suelo, se elevó por los aires y nunca más aquellos cuatro hombres volvieron a saber de él.

El mercader expresó su contento y su agradecimiento a aquellos tres ancianos y, poco después, cada cual se marchó del lugar por distinto camino.

IV

Como cada amanecer, Dinazarda despertó a su hermana Sherezade que, bostezando, le dijo:

—Bien, Dinazarda, hoy te contaré la historia de los tres peregrinos.

Y la esposa del sultán comenzó su narración. El suave murmullo de su voz despertó al sultán que, rápidamente, se interesó por la historia que su esposa contaba.

* * *

Durante el reinado de un poderoso monarca de la dinastía de los Harún, Ar-Rashid, existió en Bagdad un hombre dotado de buen humor y no menos ingenio, pero no de muchos caudales. Se ganaba la vida haciendo recados y un día alquiló sus servicios una dama ricamente ataviada que iba de compras al mercado.

«¿Quién será esta señora que personalmente realiza sus compras no teniendo aspecto de esclava?», se preguntaba el mandadero.

Pero el asombro del buen hombre creció todavía

más cuando, terminadas las compras, acompañó a tan rica señora a su casa. Era esta una hermosa mansión en cuya puerta el mandadero pudo leer la siguiente inscripción: «El que habla de lo que no le importa, oye lo que no le gusta».

Mas, el mandadero, no tuvo mucho tiempo para reflexionar ya que la dama le apremiaba para que entrase los ricos manjares que había adquirido en el mercado.

«Seguro que se va a celebrar una gran fiesta», pensó el mandadero. Pero, por más que miró en todas direcciones no pudo divisar hombre alguno.

Al parecer, solo tres mujeres de extraordinaria belleza ocupaban la casa. Y sin poder contener su curiosidad, el mandadero preguntó a una de ellas:

—Señora, ¿quién sois y por qué vivís aquí las tres sin la compañía de hombre alguno?

A lo que la hermosa señora le respondió:

—¿Acaso os he preguntado yo de dónde venís y quién sois para alquilar vuestros servicios…? Tomad el dinero de vuestro trabajo y acostumbraos a no querer saber lo que nada os importa.

Se quedó el mandadero muy impresionado por esa respuesta y ya se disponía a abandonar la casa, cuando tuvo una feliz idea:

—Señoras, puesto que vivís solas en esta enorme casa, tomadme permanentemente a vuestro servicio y yo haré cuanto me ordenéis sin preguntaros nada.

—Sea —respondió una de las tres hermanas—. Pero recordad vuestra promesa.

Zobeida, Amina y Safia —que estos eran los

nombres de las tres mujeres— comenzaron a disponer los manjares por el gran salón, siempre ayudadas por su nuevo criado, cuando oyeron golpes sobre la puerta.

—¿Quién será? —dijo Zobeida—. No esperamos a nadie más para la fiesta.

—Ve a abrir, Zobeida —le ordenó Amina.

Pero fue Safia la que se dirigió a la puerta y, poco después, volvió acompañada por tres peregrinos que habían solicitado albergue para pasar la noche.

—¿Qué os parece, hermanas? —preguntó Safia a las otras dos—. ¿Les damos alojamiento por una noche...?

—De acuerdo —confirmó Zobeida—. Entrad, señores, comed y descansad que estaremos muy contentas de que compartáis con nosotras esta fiesta.

Aquellos tres peregrinos tenían la particularidad de que a cada uno de ellos le faltaba un ojo, pero este detalle no les impidió comer y beber abundantemente.

El día transcurría felizmente entre los cantos, las risas y las ocurrencias de todos, cuando acertó a pasar cerca de la casa de las tres mujeres el califa acompañado de uno de sus servidores.

—Llama a la puerta y hagámonos pasar por unos mercaderes que van de camino —ordenó el califa—. Quiero saber qué ocurre en el interior de la casa.

El califa y su criado fueron recibidos con gran amabilidad por las tres mujeres, que les invitaron a unirse a su fiesta.

Mucho se divertían todos los invitados con las ocurrencias, los bailes y las canciones de aquellas hermosas señoras, cuando de pronto, una de ellas, dando tres palmadas, dijo:

—Y ahora, hermanas, hagamos lo que tenemos que hacer.

Y dichas estas palabras, una de ellas abandonó la estancia para volver casi inmediatamente acompañada de dos enormes perros negros.

Todos los presentes se quedaron muy asombrados, ya que los perros son considerados como un animal inmundo por los musulmanes. Pero el asombro de los presentes todavía aumentó cuando Zobeida, tomando un larguísimo látigo, comenzó a maltratar salvajemente a los dos animales.

Los pobres perros gemían desesperadamente.

El califa ya estaba dispuesto a intervenir, cuando se quedó inmóvil de asombro al ver que Zobeida, imitada por sus dos hermanas, abandonaba el castigo de los perros y les acariciaba y les consolaba llorando.

Fue entonces, en sus demostraciones de cariño hacia los animales, cuando todos los presentes pudieron darse cuenta de que el cuello de Amina estaba marcado por horrorosas cicatrices.

El califa, los tres peregrinos e incluso el propio mandadero, cruzaban miradas entre sí, encontrando el comportamiento de aquellas tres mujeres muy extraño.

—Quiero saber lo que ocurre —dijo el califa—. Que uno de nosotros les pregunte por qué se comportan de forma tan extraña y a qué se deben esas horrorosas cicatrices que una de ellas tiene sobre el cuello.

Los tres peregrinos se miraron entre sí, y después delegaron al mandadero para que realizase la pregunta.

—¡Señoras! —dijo el mandadero tímidamente—. Estos señores quisieran saber por qué habéis azotado de esa manera tan feroz a esos perros y por qué una de vuestras hermanas tiene esas cicatrices en el cuello.

—¿Cómo? —preguntó Zobeida indignada—. ¿Os atrevéis a preguntarme tal cosa…?

—No soy yo, señora… Son ellos los que quieren saber…

—¿Eso es cierto? —les preguntó Zobeida. Todos afirmaron con la cabeza.

Entonces, las tres mujeres se irguieron con soberana majestad y dieron tres palmadas al unísono.

Al punto se abrió una puerta y aparecieron siete esclavos, con un alfanje en la mano, que arrastraron a todos los invitados al centro del salón.

—¿Qué significa esto? —protestó el califa.

—Significa que vais a morir todos por vuestra malsana curiosidad. Os hemos abierto las puertas de nuestra casa, os hemos dado de beber y comer, os hemos divertido y no os habéis preocupado de por qué todas esas cosas sucedían, así, tan fácilmente, y ahora…

Zobeida hizo una señal a los siete esclavos que levantaron su alfanje en el aire.

—¡Piedad, señora! —murmuró el mandadero—. Vos ya conocéis mi historia. Yo me gano la vida haciendo recados. Me siento muy feliz por haber entrado a vuestro servicio y ahora, ¿vais a quitarme la vida?

—Está bien —dijo Zobeida—. Tu historia nos ha convencido. Puedes marcharte si lo deseas.

—Yo también os puedo contar mi historia y así

Y al amanecer del día siguiente, Sherezade concluyó su narración, pero antes de que el sultán se fuese, ella inició una nueva historia tan interesante como la anterior...

Y el genio, complacido por las tres historias de los ancianos, le perdonó la vida al mercader. Pero no le ocurrió lo mismo a un príncipe de un reino lejano...

¿Qué le ocurrió al príncipe?

Paseaba un día con su primo y le dijo...

lo haré si me prometéis que si esta os complace me perdonaréis la vida —dijo el primer peregrino—. ¿Qué respondéis?

Zobeida miró a sus dos hermanas y estas hicieron un gesto afirmativo con la cabeza.

Y el primero de los tres peregrinos empezó su narración.

* * *

Soy hijo de un poderoso rey que murió a manos de un visir infiel. De la muerte de mi padre solo me consoló el gran cariño que sentía por un primo mío, hijo del rey de un estado vecino, con el que pasaba largas temporadas.

Entre padre e hijo siempre había existido un cariño extraordinario, pero un día, y a pesar de que mi primo nada me confió, me di cuenta de que entre ellos había surgido alguna desavenencia.

Decidí volver a mi país, cuando en el transcurso de un paseo que daba con el príncipe, este me preguntó:

—¿Serías capaz de guardarme un secreto?

—¡Claro! —le contesté.

—¡Sígueme entonces! ¡Me acompañarás a un hermoso palacio que he mandado a construir!

Seguí al príncipe dócilmente y me extrañé mucho cuando al final de nuestro paseo llegamos a un cementerio.

—¡Aquí es! —me dijo señalando una simple losa que había en el suelo y provista de una argolla.

Con gran trabajo levantó la losa, y bajo nuestros

pies apareció una escalera en cuyos peldaños se encontraba sentada una mujer de extraordinaria belleza.

Al ver al príncipe, la joven se levantó y tendió las manos hacia él.

—Cuando yo haya descendido por esta escalera, primo —me dijo—, te ruego que vuelvas a colocar la losa en su sitio y regreses al palacio de mi padre. No reveles a nadie mi paradero. ¡Y recuerda que has prometido guardar el secreto!

Cumplí el encargo del príncipe y, a pesar de la tristeza de mi tío por la desaparición de su heredero, nada le dije de dónde se encontraba.

Dos días después regresé a mi país. Pero ¡mejor que nunca lo hubiera hecho! El infiel visir que mató a mi padre me hizo encarcelar en una jaula y me lanzó después al bosque para que me comieran los animales dañinos. Me hizo saltar también un ojo, ya que no me había perdonado nunca que de pequeño, yo, a causa de un accidente de caza, fui la causa de que él perdiera uno.

Pero el criado que debía abandonarme en el bosque se apiadó de mí y me dejó escapar, yendo yo a refugiarme al reino de mi tío.

—¡Ay de mí! —se lamentaba el pobre hombre—. ¡Además de haber perdido a mi hermano me he quedado también sin mi hijo!

Su dolor me conmovió tanto que quebranté el juramento que hiciera a mi primo y revelé al rey el paradero de su hijo.

Disfrazados convenientemente para que nadie nos reconociera, salimos por una puerta secreta del

jardín y pronto llegamos al cementerio, junto a la losa bajo la cual había visto desaparecer al príncipe.

Retiramos la piedra y la escalera se presentó frente a nosotros.

Descendí aquellos escalones no sin cierta inquietud y curiosidad. «¿Cómo es posible que aquí abajo pueda haber un hermoso palacio?», me preguntaba.

Frente a nosotros solo había una estancia severa y en el centro un lecho sobre el que se encontraban tendidos el príncipe y su joven acompañante.

Oí que mi tío lloraba amargamente.

—¡Ay de mí! ¡Bien he sido castigado! ¡Mi hijo amaba a esta joven, pero yo, por razones de estado, no di mi consentimiento para esta boda! ¡Y ahora veo que han preferido morir juntos que vivir separados!

Pero mi tío fue castigado más duramente por el destino. El infiel visir que mató a mi padre invadió con sus ejércitos el Estado de mi pariente y yo tuve que huir de nuevo para no volver a caer en sus manos.

Y así, con la cabeza rapada, mi ojo tapado y estas vestiduras de peregrino, he ido vagando por el mundo hasta que llegué a vuestra casa.

* * *

Las tres hermanas habían escuchado la historia del primer peregrino con mucha atención, y poco después, la más pequeña de todas dijo:

—¡Bien está vuestra historia! ¡Os concedemos el perdón! ¡Marchaos si queréis o retiraos a cualquier rincón de la casa para pasar la noche!

—¡Si me lo permitís, me quedaré haciendo compañía a los demás! Seguro que si ellos también nos cuentan sus desventuras, estas serán, sin duda, muy interesantes.

Se acercó a las tres jóvenes el segundo peregrino y, con voz trémula, comenzó a contar su historia.

* * *

Príncipe nací y de tal linaje e inteligencia que el propio sultán de las Indias quiso conocerme. Pero en el transcurso del viaje que realicé para cumplir con este deseo, fui atacado por unos bandidos y despojado de cuanto tenía. Para ganarme la vida me hice leñador, y un día que me había internado en el bosque en busca de madera, descubrí en la raíz de un árbol una anilla de hierro oxidada. Tiré de ella y ante mi sorpresa me encontré con una escalera que descendía hacia el centro de la tierra. No lo dudé dos veces y bajé por aquella escalera que me condujo hasta una estancia lujosamente amoblada y en la que se hallaba una joven de singular belleza.

—¿Sois hombre o genio? —me preguntó.

—Hombre —contesté—, y muy admirado de vuestra belleza. ¿Qué hacéis en el fondo de la tierra?

—¡Ay, pobre de mí —lloriqueó la joven— que la noche de mi boda fui raptada por un genio de aspecto repugnante que me tiene aquí encerrada y que me visita cada diez días…!

Y la pobre y bella joven estaba tan triste que yo no pude resistir la tentación de consolarle.

—¡Huyamos de aquí! —le dijo mientras ella reclinaba su cabeza en mi hombro.

—¡Imposible! ¡El genio nos descubriría y nos mataría a los dos!

Y como vi que no podía convencerla y yo no quería pasar el resto de mi vida en aquella lujosa cueva, subí de nuevo la escalera y corrí por el bosque. Pero entonces me di cuenta de que había olvidado mi hacha y también mis babuchas en aquella estancia subterránea. ¡Pero tuve miedo de volver por ellas!

Al día siguiente un anciano de aspecto repugnante se presentó en mi casa y me dijo:

—¿No son estas tus babuchas y tu hacha?

Yo estaba espantado pues, naturalmente, reconocía en lo que me mostraba aquel anciano cosas de mi pertenencia. Pero, sacando fuerzas de flaquezas, respondí:

—No he visto esos objetos en mi vida.

Pero el genio, que se había disfrazado de anciano, no me creyó y dándome un soplido me transportó, como por arte de magia, a la estancia subterránea donde tenía encerrada a la bella y desconsolada joven.

Nos hizo poner a los dos frente a frente y nos conminó a que confesásemos que no nos habíamos visto jamás.

Dispuestos a salvar nuestras vidas, pues nos dábamos cuenta de que al genio no le había gustado que nos conociésemos, la joven y yo nos apresuramos a mentir diciendo que nunca se habían cruzado nuestros caminos.

Pero el genio no nos creyó. Y entonces, con voz

de trueno, me dijo entregándome una espada:

—¡Pues si nunca has visto a esta doncella, nada debes sentir por ella y entonces lo mismo te dará que viva o muera! ¡Mátala!

El pavor me invadió. ¿Cómo podía yo matar a aquella mujer de rostro angelical y a la que había, incluso, consolado en su desgracia…? ¡No podía hacer otra cosa así ni para salvar mi vida!

Intentando escapar del genio salí corriendo y, atravesando el bosque, subí a la cumbre de una montaña. Pero el genio me persiguió y dándome un empujón me hizo descender la ladera del monte, rodando, al tiempo que pronunciaba estas misteriosas palabras:

—¡Yo te conjuro a que recobres tu primitivo estado!

Y entonces, desapareció. Pero yo ya me había convertido en un mono. Sin saber qué hacer ni a dónde ir, llegué hasta la orilla del mar y sobre las azules aguas distinguí un barco.

Quiso mi buena fortuna que el capitán de aquella nave me descubriese sobre la arena de la playa y me tomase bajo su protección.

En el barco había unos curiosos pasajeros.

Se trataba de una embajada real que andaba recorriendo muchos países en busca de un calígrafo que satisfaga los deseos reales.

Cuando yo descubrí el pliego en que la embajada recogía las muestras de letras, quise también escribir sobre él algunas palabras. Pero no me dejaron.

—¡Quiten a ese mono de ahí! —oí que alguien decía—. ¿No ven que va a romper el pliego con las muestras de letras que hemos de presentar ante nuestro soberano…?

Pero el capitán del barco tomó mi defensa.

—Por raro que parezca —dijo—, este mono parece que quiere escribir. ¡Dejadlo que lo pruebe!

Yo le agradecía su intervención con una mirada y, seguidamente, escribí sobre el pliego algunas palabras. Sin duda alguna, debido a mi gran cultura, la muestra de mi letra aventajaba a todas las demás.

Y cuando el sultán vio mi escritura quiso que, a pesar de ser un mono, me llevasen a su presencia.

Me vistieron con rico traje y me llevaron a palacio.

El sultán se quedó admirado de mi gran educación palaciega y prodigiosamente maravillado de que yo fuese capaz de escribirle, sobre un reluciente melocotón, un poema en el que manifestaba mi agradecimiento.

—¡Si este mono fuese un hombre —dijo— sería superior a los demás mortales!

Y asombrado por las maravillas que yo era capaz de realizar, mandó llamar a su hija para que me conociese.

—Padre —le dijo la princesa cuando llegó a los aposentos reales—, si me hubierais dicho que en esta estancia se encontraba otro hombre que no erais vos, no me hubiera descubierto el rostro.

—¡Aquí no hay otro hombre que yo! —dijo el rey.

Pero la princesa, señalándome, dijo:

—¡No! ¡Ese mono es un príncipe preso de los

malos encantamientos del genio Eblis!

—Y tú, ¿cómo sabes eso...? —preguntó el rey muy extrañado.

—Padre —respondió la bellísima joven—, aunque tú no lo sabes, yo también he tenido tratos con ese genio y de él, además de muchas desgracias, he aprendido artes de encantamiento. Si tú lo deseas, puedo hacer que ese mono se convierta en el príncipe que es.

—Sea —dijo el rey, pensando que si yo recobraba mi primitiva forma podría casarme con su hija y serle de gran utilidad en el gobierno de su reino.

Entonces la princesa me tomó entre sus brazos y me condujo a una estancia subterránea que había en un apartado lugar del palacio. El sultán nos seguía, perplejo, descubriendo la personalidad de una hija que ahora se le mostraba como una desconocida.

Pero, no bien la princesa hubo comenzado con sus artes para desencantarme, el genio maligno que yo ya conocía se presentó en la estancia echando fuego por la boca.

El sultán y yo estábamos aterrorizados ante su sola presencia. Pero la princesa, lanzando sobre él su mirada de fuego, le señaló con el dedo al tiempo que decía:

—¿Cómo te atreves a presentarte ante mí con esta horrorosa estampa?

Y entonces el genio se convirtió en un león que atacó a la princesa.

Pero, la princesa se convirtió en un cuchillo que decapitó al león. Pero, la cabeza de este animal se transformó en escorpión y luchó con la serpiente cuya forma había adoptado la princesa.

Lucharon mucho rato hasta que el escorpión pudo convertirse en águila y salió volando. Pero otra águila negra, más poderosa que ella, la persiguió y pronto desaparecieron de nuestra vista.

El sultán y yo no nos habíamos podido recuperar todavía del susto, cuando apareció un gato negro de pelo erizado. Le perseguía un lobo, y el gato, viéndose acorralado, se convirtió en gusano. Y entonces, desde el techo, cayó una calabaza. El lobo se había convertido en gallo y comenzó a comerse los granos de la calabaza. Pero uno de aquellos granos cayó a un estanque y se convirtió en pez. Y el pez fue perseguido por otro mayor que había abandonado su primitiva forma de gallo.

El sultán y yo seguíamos las incidencias de esta lucha en el agua, cuando a nuestras espaldas oímos las voces de la princesa y el genio que habían recobrado su primitiva figura.

Genio y princesa pelearon cuerpo a cuerpo durante largo rato, y el genio lanzaba fuego por la boca. Al sultán se le quemó la barba y a mí, una chispa me hirió en el ojo derecho.

Pero la pelea acabó con la victoria de la princesa que redujo al genio a cenizas.

—¡Victoria! ¡Victoria! —gritó el sultán abrazando a su hija.

Pero la princesa parecía muy cansada. Se acercó a mí y acariciándome pronunció estas palabras:

—¡He vencido al genio y puedo devolverte a tu forma original! ¡Volverás a ser el príncipe bello y sabio que siempre habías sido! ¡Pero yo moriré!

—¿Qué quieres decir, hija mía? —preguntó el sultán muy inquieto.

—Lo que oís, padre mío. He reducido al mal genio a cenizas, pero a mí me devorará el fuego interior que he necesitado para vencerle. Dentro de muy poco moriré.

Y yo, que estaba recobrando efectivamente mi antigua forma, creí morirme de tristeza. ¡Hubiera preferido seguir siendo toda mi vida un mono y no asistir a la desaparición de mi bienhechora! Porque la princesa, replegándose sobre sí misma y lanzándome una última mirada de amor, se fue muriendo lentamente sin que el sultán y yo pudiéramos hacer nada para impedir su desaparición…

El reino entero se llenó de duelo y de tristeza y después de un mes de la muerte de la princesa, el sultán, llamándome a su presencia, me dijo:

—Príncipe, ningún mal os deseo, pero quiero que abandones mis estados. Yo siempre había sido feliz hasta que vos llegasteis; no quiero veros nunca más.

Y así, con la muerte en el alma, me lancé por esos caminos hasta que encontré a estos dos peregrinos, al parecer, tan desdichados como yo, y juntos llegamos hasta la puerta de vuestra casa.

* * *

Tan triste fue aquella historia que las tres bellas muchachas lloraban de emoción.

—Os perdonamos la vida —dijo una de ellas—.

Proseguid vuestro camino.

Ya el tercer peregrino se adelantaba hacia las tres hermanas con ánimo de narrar sus desventuras. El segundo peregrino, interesado por lo que su compañero pudiera contar, también decidió quedarse en la estancia.

* * *

Yo perdí mi ojo por mi culpa. Soy hijo de rey, y a la muerte de mi padre tomé posesión del reino que me dejó en herencia. Pero, deseoso de mejorar mi educación de gobernante, decidí hacer un viaje alrededor del mundo.

Mas, el capitán que mandaba mi nave, al llegar a cierto paraje, se puso a temblar.

—¡Señor! —me dijo—. Nos encontraos frente a la isla del Imán. ¡No podemos salvarnos! Esa isla atrae hacia sí todo lo que navega por el mar. ¡Estamos condenados a muerte! La isla se halla cubierta de clavos y herrajes de todos los bajeles que han sufrido la misma desgracia que nosotros. La leyenda dice que esta maldición no acabará hasta que alguien atraviese con una flecha el pecho del caballero de la estatua de bronce que hay en lo alto de una de las montañas de la isla.

Yo no sabía si creer en las palabras de mi capitán, cuando se desencadenó una terrible tormenta que hundió el barco.

Todavía no sé muy bien cómo pude llegar nadando hasta la orilla de aquella isla fatídica. Y estaba tan cansado por el esfuerzo realizado, que me quedé profundamente dormido sobre la arena. Y tuve un extraño sueño:

Un anciano me decía que, si cavaba bajo mis pies, encontraría un arco y una flecha con la que podría atravesar el pecho de bronce de la estatua que campeaba en lo alto de una de las montañas de la isla.

Cuando me desperté tenía la boca seca y el recuerdo del sueño que había tenido danzaba levemente por mi memoria. Y de pronto, mi vista descubrió la soberbia estatua de bronce.

Cavé bajo mis pies y encontré el arco y la flecha. ¡Disparé! Y cuando la flecha se clavó en el pecho de bronce, el cielo se oscureció y una terrible tormenta se desencadenó.

Todo fue como una terrible vorágine. Perdí el sentido y cuando lo recobré me hallaba en un paraje desconocido. Oí voces y me apresuré a averiguar a quién pertenecían. Pero tuve miedo y me escondí tras unos arbustos. Entonces presencié una extraña escena.

Un anciano estaba levantando una especie de losa que había sobre el terreno y luego descendió por una escalera que se adentraba hacia el centro de la tierra. Iba acompañado de un joven de unos quince años y poco después, saliendo, volvía a colocar la losa en su sitio dejando al joven encerrado

Cuando el anciano desapareció de mi vista, me apresuré a sacar al joven de su encierro. Pero, ante mi sorpresa, este me respondió:

—¡No estoy encerrado contra mi voluntad! ¡Mi padre que es ese noble anciano que antes has visto, solo trata de protegerme!

—¿Protegerte? —pregunté—. ¿De qué?

—De la desgracia que pesa sobre mí. Al poco de nacer, un viejo doctor predijo que cuando yo tuviera quince años alguien mataría la estatua de bronce de la isla del Imán, y que cincuenta días después, yo moriría también a sus manos. ¡Mañana se cumple ese día y por eso mi padre me ha escondido aquí! Así, el que ha matado a la estatua de bronce, no podrá encontrarme.

Me quedé aterrado al escuchar esta confesión: ¡Era yo el que había matado esa estatua, pero desde luego, no tenía la menor intención de hacer ningún daño a aquel joven!

Ya me disponía a abandonar la estancia, cuando el muchacho me dijo:

—Tú que puedes salir, ¿quisieras coger para mí un melón y traérmelo…? Tengo mucha sed…

Salí, desenfundé el cuchillo y me apresuré a cumplir el encargo del joven.

Descendía la escalera con el melón en una mano y el cuchillo en la otra, cuando quiso la fatalidad que tropezase y que, involuntariamente, mi cuchillo se fuese a clavar sobre el pecho del joven que había salido a mi encuentro.

Loco de dolor y de desesperación corrí a ocultarme en el último rincón de la tierra. Y cuando muerto de cansancio estaba dispuesto a dejarme morir de hambre y de sed, distinguí a lo lejos una luz y la difusa silueta que parecía de un castillo.

La curiosidad pudo más que mi propia desesperación y hacia allá dirigí mis pasos.

Efectivamente, estaba en un castillo. Sus moradores eran diez jóvenes y un anciano que tenían la particularidad de que todos eran tuertos del ojo derecho.

Me recibieron con mucha amabilidad, pero ninguno hizo referencia a su desgracia. Y cuando llegó la noche, los diez jóvenes, rogándome que no les hiciera ninguna pregunta, celebraron una extraña ceremonia.

Se colocaron en fila y uno a uno fueron pasando delante de una especie de pila que contenía un líquido negruzco. Se tiznaban la cara y recitaban una letanía monótona y monocorde.

—Señores —les dije—, aunque me ocurra una nueva desgracia, no puedo evitar mi curiosidad. ¡Cuéntenme por qué hacen todo eso!

Fue el anciano el que se volvió hacia mí y me dijo:

—Si tu curiosidad es más grande que el instinto de protegerte, tendrás que descubrir la verdad por ti mismo. Toma esta piel de cordero y sube a lo alto de la primera montaña que encuentres en tu camino. Allí, un pájaro te tomará por un animal y te transportará a otra montaña donde se encuentra un alcázar de mármol blanco. ¡Es el alcázar de los placeres! Si tu curiosidad sigue deseando saber qué es lo que ocurre ahí, entra y podrás averiguarlo. Pero ten en cuenta, hijo mío, que tal vez no puedas ser lo suficiente fuerte para neutralizar las posibles desgracias que este paso pueda acarrearte.

Salí del palacio de los diez hermanos tuertos y, poniéndome la piel de cordero sobre los hombros, me dirigí hacia la primera montaña que mi vista divisó.

Todo ocurrió tal y como el anciano me anunció.

Una vez frente al palacio de mármol blanco,

dudé un momento. Pero, por fin, empujé la pesada puerta de hierro que guardaba la entrada.

¡Y entonces todo fueron maravillas!

Allí vivían cuarenta jóvenes de singular belleza. Y durante largo tiempo fui el ser más mimado que imaginar se puede por parte de aquellas prodigiosas criaturas.

Pero un día, una de ellas me dijo:

—Mis hermanas y yo tenemos que ausentarnos durante unos días. Os vamos a dejar las llaves de todas las habitaciones de nuestro palacio. Solamente hay una que no debes abrir: ¡La que tiene la puerta de oro con incrustaciones de piedras preciosas! Si seguís nuestro consejo, muy pronto volveremos a vernos. Pero si abrís esa puerta, entonces…

—¿Entonces, qué…? —pregunté inquieto.

—Entonces la desgracia se instale para siempre en vuestra vida.

Y así me quedé solo en aquel formidable alcázar de mármol. ¡Y me aburría tanto en mi soledad, que una a una fui abriendo todas las puertas del palacio! Y al fin, solamente quedaba ya la que estaba recubierta con una lámina de oro y adornada con incrustaciones de piedras preciosas.

Estuve varios días dudando, pero pudo más mi curiosidad que toda la prudencia que me habían recomendado.

Al abrir la puerta de oro me hallé en una terraza maravillosa. Allí, se encontraba un precioso caballo blanco. No pude resistir la tentación de montarle. Y entonces ocurrió mi desgracia: el magnífico caballo me dio una coz que me lastimó de tal manera mi ojo derecho que acabé perdiéndole totalmente.

Y el alcázar de mármol blanco se convirtió en una miserable estancia.

Horrorizado, intenté huir de aquel lugar y me dirigí al único sitio donde creí que podían recibirme con algún cariño: la casa de los diez hermanos tuertos.

Pero estos me recibieron a latigazos.

—¡Largo de aquí! —me decían—. ¡Este lugar ya está completo! ¡Solo podemos vivir en esta casa diez hermanos y el anciano!

Y me marché por esos mundos arrastrando mi desgracia, habiéndolo perdido todo por culpa de mi curiosidad.

* * *

—¡Está bien! —dijo Zobeida poniéndose en pie—. Esas historias me han complacido. Mis hermanas y yo os perdonamos a todos. Podéis retiraros a vuestros aposentos. Mañana partiréis cada cual a vuestro destino.

Pero cuando amaneció, las tres hermanas vieron que ya nadie quedaba en la casa. Sin embargo, poco después llegó hasta la vivienda un emisario del califa que rogó a las tres hermanas que se presentasen en el palacio.

Las tres muchachas obedecieron y, ante su sorpresa, se dieron cuenta de que el visitante al que habían albergado la noche anterior, no era otro que el propio califa. Este les dijo:

—¡Señoras! Ayer me disteis hospitalidad en vuestra casa y tres peregrinos contaron su historia. Hoy soy yo, el enviado del Profeta sobre la tierra, el que desea conocer las vuestra. Os ruego, pues, que una a una, me las relatéis. He invitado también a los tres peregrinos que, sin duda, también desearán conocerlas.

Y fue Zobeida la que inició el relato.

V

—¡Caudillo de los creyentes! —comenzó Zobeida—. Mi historia es extraña y maravillosa. Los dos perros negros son, en realidad, también hermanas de padre y madre, mientras que Amina y Safia lo son solo de padre.

Al morir nuestro padre repartimos su fortuna en partes iguales y, mientras Amina y Safia se iban a vivir con su madre, mis otras dos hermanas y yo permanecimos juntas y queriéndonos mucho.

Pero un día, mis dos hermanas también me abandonaron porque querían casarse.

Yo me quedé muy triste y mi desconsuelo aumentó al saber que sus maridos las trataban muy mal y que, además, habían dilapidado la fortuna que mi padre les legó. Y entonces enviudaron. Pero no escarmentadas con su primera experiencia, volvieron a contraer segundas nupcias que fueron tan desgraciadas, y, con un desenlace tan fatal como la primera.

Queriendo ayudarlas a que olvidasen su triste destino, las tres emprendimos un viaje y un día llegamos a una ciudad donde toda la gente estaba paralizada. Yo me aventuré en el palacio y allí ocurría lo mismo que en las calles: la gente estaba convertida en estatua.

Pero, de pronto, tras la puerta de una estancia, oí una voz que recitaba versos del Corán. Se trataba de un joven que al verme me explicó:

—Mi padre adoraba a Nardún, dios del fuego y enemigo de Alá y este, para castigarle por creer en un falso dios, le convirtió en piedra, así como a todos sus súbditos. Yo solo me salvé debido a que mi ama de cría fue una antigua musulmana que me había enseñado a recitar el Corán. Pero os aseguro, señora, que el castigo de Alá fue igual de severo para mí, porque la soledad a la que me ha sometido es harto insufrible.

Propuse al joven príncipe que se viniese con nosotras, y su bondad y belleza me cautivaron tanto, que cuando él me pidió en matrimonio decidí acceder a sus deseos.

Pero mis hermanas, celosas de mí y resentidas por su mala suerte, nos tiraron al mar para que nos ahogásemos. Y, desgraciadamente, el príncipe murió mientras yo pude nadar hasta una playa cercana.

Estaba descansando un poco la fatiga, cuando se presentó ante mí una extraña mujer acompañada de dos perros negros y me dijo:

—¡Soy un hada y he convertido a tus hermanas en dos perros negros por su crimen! Te los confiaré si eres capaz de darles cada noche latigazos para que así purguen su mala acción. Y ese es el secreto de mi comportamiento. La historia de mis otras hermanas, ellas mismas os la contarán. Que empiece Amina, por ejemplo:

* * *

—¡Oh, gran caudillo! Mi historia es triste. Pero yo hace tiempo era feliz. Vivía tranquila hasta que un día una anciana mujer me dijo si quería asistir como testigo a una boda. ¡Yo accedí por caridad! Pero cuando llegué al lugar donde debía celebrarse la ceremonia me di cuenta de que me habían reservado el papel de la novia. ¡Quise protestar, pero como mi futuro marido era guapo, arrogante y prometió tratarme con dulzura y confesó estar muy enamorado de mí, accedí a sus deseos! ¡Y nunca lo hubiera hecho! ¡Cierto es que mi marido me amaba con locura, pero sus celos eran tales, que me encerró en casa no consintiendo que nadie, a partir de aquella boda, me viera!

Yo me moría de melancolía y un día, burlando la vigilancia de nuestros esclavos, salí a la calle y me dirigí al mercado.

¡Me enamoré de tantas maravillas como allí vi! Y mi deseo fue comprar una preciosa tela que me ofrecía uno de los mercaderes. ¡Pero no tenía dinero para comprarla! Entonces, el mercader me dio que me la regalaría si le concedía el honor de ver mi rostro. Y ante la tentación de adquirir aquella tela, consentí.

Y aquí empezaron mis desgracias. Porque mi marido había descubierto mi escapada y al ver que enseñaba el rostro a otro hombre que no era él, decidió castigarme. Me perdonó la vida, pero me tuvo cinco años atada a una noria que debía mover incesantemente. Y esa es la causa de mis cicatrices. Después, me abandonó. Y no teniendo otro lugar dónde ir, pedí socorro a mi hermana Zobeida que me dio albergue en su casa y me socorrió.

* * *

—Yo, gran señor —dijo Safia—, todavía no tengo historia. Soy muy joven y no he conocido a hombre alguno. Pero quisiera pediros el favor de que ayudaseis a mis hermanas a ser felices.

—¿Y cómo podré conseguirlo? —preguntó el califa.

—Invocando al hada que convirtió a mis hermanastras en perros y encontrando al marido de mi hermana Amina.

Y fue entonces, como por arte de encantamiento, que se presentó en el palacio el hada que había convertido a las dos hermanas de Zobeida en perros. Acercándose al califa, le dijo:

—No tengo inconveniente, señor, en levantar ya mi castigo. Esas dos desdichadas mujeres convertidas en perros ya han sufrido bastante. También puedo ayudaros a encontrar al marido de Amina. Pero tal vez este descubrimiento no os guste, señor.

—¿Por qué? —preguntó el califa.

—Porque ese hombre es vuestro propio hijo, señor. Un día vio a Amina, se enamoró de ella y decidió casarse en secreto. ¡Por eso no quería que nadie la viese!

Por orden del califa, el marido de Amina se presentó en palacio y cuando vio a su antigua esposa se postró a sus pies rogándole que le perdonase. Y como

Amina todavía le amaba, no dudó en otorgarle ese perdón.

También las dos hermanas de Zobeida recobraron su figura primitiva y prometieron curarse de su envidia y también no volver a casarse. Pero cuando dos de los peregrinos, prendados de su belleza, las solicitaron en matrimonio, no tuvieron valor para negarse.

Lo mismo le ocurrió a Safia, que había comenzado a sentir una extraña atracción por el más joven de los tres peregrinos que la noche anterior se presentó en casa de su hermana.

En cuanto a Zobeida, el calífa, prendado por la belleza y también por la bondad que se desprendía de la joven, no tardó en demostrarle su estimación. Y en un momento que los dos se encontraron a solas, este le preguntó:

—Y ahora, bella Zobeida, ¿qué vas a hacer tú si todas tus hermanas se casan? ¿No crees que aquella casa en la que vives será muy grande para ti sola?

—¡Cierto, gran señor! —le respondió la joven—. Pero ¿qué otra cosa puedo hacer?

—¿A ti no te tienta el matrimonio?

—¡Sí, si fuera un hombre prudente y sabio el que me lo propusiera!

—¿Y crees que esas virtudes adornan al calífa?

—Lo creo, señor.

Y pronto se celebró una cuarta boda mucho más sonada que todas las anteriores.

VI

Cierto día, un rey muy poderoso tuvo un sueño muy extraño que le narraba la manera de apoderarse de un anillo mágico.

Cumplió el rey lo que le había sido mandado en sueños y ese anillo llegó a su poder. Esta sortija era tan milagrosa que tenía el poder de convertirle en invisible si se la ponía en la boca, en invencible si la llevaba en el dedo, y en amo absoluto de un poderoso genio que hacía cuanto se le mandase si colocaba el anillo en el suelo.

Gracias a las propiedades de este anillo, el rey pudo descubrir que sus dos hijos mayores eran perversos y avariciosos, mientras que el menor era generoso y, además, le amaba tiernamente.

Ya a punto de morir, el poderoso rey llamó a sus tres hijos y les dijo:

—Lego mi Estado a mi hijo mayor, mi fortuna al mediano y a ti, Alí, que eres el pequeño, solamente este anillo.

Vio Alí que el reparto de la fortuna y el poder de su padre no era equitativo, pero se conformó de buen grado con lo dispuesto por el rey. Sin embargo, como fue el único que se quedó con él hasta el mismo momento de su muerte, fue también el único que se enteró de las propiedades del mágico anillo. Y aunque su padre no le había legado ni poder ni dinero, siempre podría disponer de cuanto desease.

Pero sus hermanos descubrieron un día su secreto y decidieron apoderarse de aquel anillo que tenía tan mágicas propiedades.

Afortunadamente, Alí pudo huir a tiempo. Pidió al genio, que le obedecía ciegamente, que le trasladase a la isla de Alcanfor, conocido como el más hermoso lugar de la tierra.

Una vez en la isla, una anciana y rica señora le tomó bajo su protección, ya que esta había perdido a su hijo poco antes en un combate singular: la princesa de la isla retaba a todos sus pretendientes a un duelo prometiendo que se casaría con aquel que lograse vencerla. Pero la entrada de la ciudad estaba macabramente adornada con la cabeza de todos los pretendientes a los que la princesa había vencido.

—¡A mí no me ocurrirá lo mismo! —dijo Alí a su protectora.

Poco después, en la soledad de su aposento, dejó el anillo en el suelo y no tardó en presentarse el genio.

—¡Quiero que me prepares un caballo negro para mañana!

—¡Serás obedecido, señor!

Al día siguiente, Alí, poniéndose el anillo en el dedo y montando sobre el caballo negro que el genio le había proporcionado, se dirigió al palacio.

—¿Conoces los términos de la lucha? —le preguntó el padre de la princesa.

—¡Sí! ¡Y los acepto! ¡Si venzo me casaré con ella y seré el heredero de este reino! ¡Si es ella la que gana, mi cabeza adornará, junto con los demás, la entrada de la ciudad!

Pero la princesa, esta vez, no ganó. Lloraba la cruel muchacha de rabia cuando la lanza de Alí la derribó por el suelo. Y a pesar de que se casó con él, le odiaba con todas las fuerzas de su corazón. Y un día, descubrió su secreto.

—¡Quiero apoderarme de ese anillo sea como sea! —le dijo a su doncella, que se llamaba Marja.

La doncella, pensando así obtener los favores de su señora, se apoderó un día del anillo mágico mientras Alí dormía y se lo entregó a la princesa. Y esta, invocando al genio, le pidió que se llevase muy lejos de Alcanfor al infortunado Alí.

Cuando el príncipe se despertó, se dio cuenta de lo que había pasado y se prometió no ceder al descanso hasta que recuperase su anillo.

Disfrazado de mujer volvió a Alcanfor y allí, quiso su fortuna que se encontrase un día con Marja.

—¡Ay, señor! ¡Cuántas veces he lamentado haber ayudado a la princesa! —le decía—. Cada vez tiene más mal humor y me trata muy mal. Si me prometéis librarme de ella, puesto que le debo obediencia de esclava, juro por Alá que os ayudaré a recuperar el anillo.

También su antigua protectora prometió ayudarle, y una noche, la anciana señora metió tres monedas de oro dentro de un cántaro y se dirigió a palacio. Cuando llegó allí pidió a los guardias que le llenasen el cántaro de agua pues tenía mucha sed.

Los guardias se compadecieron de tan anciana señora e hicieron lo que esta les pedía. Y entonces, la protectora de Alí, rompiendo el cántaro y dejando escapar así el agua y las monedas de oro, les dijo:

—Mi gratitud convierte lo que con bendición se me da. He aquí cómo he transformado el agua en monedas de oro. Y así fue cómo la protectora de Alí, una de las madres de los pretendientes sacrificados, pudo entrar a palacio.

Con ayuda de su madre adoptiva y de Marja, aquella noche Alí pudo llegar hasta la alcoba de la princesa y aprovechando que esta dormía, volvió a apoderarse del anillo.

—¡Oh, genio! —invocó—. ¡Quiero que te lleves de aquí a esta infame mujer a la que no puedo reconocer como mi esposa ya que tan mal me ha tratado! A partir de ahora su orgullo tendrá que convertirse en humildad para ganarse la vida con el sudor de su frente.

Y el genio le obedeció.

Cuando al día siguiente el padre de la princesa se enteró de todo lo ocurrido, decidió dejar el gobierno de la isla de Alcanfor en manos de Alí, y salir por el mundo en busca de su cruel y ahora desdichada hija.

VII

Érase una vez un poderoso rey que a pesar de poseer una inmensa fortuna, un poder ilimitado y más de cien esposas, era profundamente desgraciado.

Pero un día se casó con una hermosa joven que resultó ser una princesa del mar. Esta joven, que le había sido vendida al rey como una esclava, lloraba tristemente y se pasó más de un año sin pronunciar una sola palabra. Y el al intentar dar la felicidad a aquella desdichada princesa de las aguas, fue suficiente para que el poderoso rey recuperase sus deseos de vivir, de ser feliz y de dar un sentido a su vida. ¡Y sus esfuerzos no fueron inútiles!

Un día la princesa del mar habló y fue para decir al rey que se había casado con ella, cuán feliz se sentía porque pronto le daría un hijo.

Y así fue como vino a este mundo el príncipe de Persia, llamado Beber, que tenía el don de pasearse por la tierra y por el mar como si se tratase del mismo elemento.

Creció el joven y heredó los dominios de su padre. Y con su nueva responsabilidad, su tío, el rey del mar y su madre, antigua princesa de las aguas, pensaron en buscarle una esposa adecuada a su rango.

—¡Si pudiéramos casarle con la princesa Giauhara, de Samanda! —se ilusionaba su tío.

—¿Acaso olvidas que su padre es muy orgulloso y celoso de las virtudes y belleza de la princesa, hasta tal punto que no considera que ningún príncipe de la tierra merezca el honor de ser su esposo? —respondía la princesa del mar.

Y una de estas conversaciones mantenidas entre su madre y su tío fue escuchada involuntariamente por el príncipe Beber.

Y a partir de aquel momento el joven ya no tuvo sosiego. Quiso conocer a toda costa a la princesa Giahuara del reino de Samandar. Desoyendo los consejos de su madre se puso en camino hacia el lejano reino. Pero su viaje no fue muy afortunado.

—¿Quién eres tú, vil gusano, para pretender la mano de mi hija? ¡Fuera de mi palacio! —gritó el rey de Samandal enfurecido.

Los ruegos del joven fueron inútiles.

—¡Oficiales! ¡Que lo prendan!

Afortunadamente, el tío del príncipe Beber, había acompañado al joven con sus ejércitos y viendo que su sobrino estaba en peligro, actuó con rapidez. Bien pronto el palacio del orgulloso rey fue rodeado por sus tropas y el monarca hecho prisionero.

Pero nadie fue capaz de encontrar a la princesa. Esta había huido con sus damas a una isla desierta.

Y el príncipe Beber se quedó tan desconsolado que, adentrándose en el mar, comenzó a caminar por el líquido elemento sin rumbo fijo.

Y quiso su buena fortuna que sus pasos le llevasen a la misma isla donde Giauhara se había ido a refugiar, y al descubrir la personalidad de la princesa, se postró a sus pies y le dijo:

—¡Bellísima señora! Vuestro padre recobrará la libertad si accedéis a casaros conmigo proporcionándome a mí, con este matrimonio, la felicidad.

Pero la princesa de Samandal no era menos orgullosa e iracunda que su padre y soplando al joven en el rostro, le dijo:

—¿Así que es por vuestra culpa que a mi padre y a mí nos han ocurrido tantas desgracias? ¡Pues esta es mi venganza! ¡Con este soplo os convierto en pájaro y nunca más recobraréis vuestra primitiva forma!

Y las palabras de la orgullosa joven se convirtieron en realidad: el príncipe Beber se transformó en un hermoso pájaro blanco que la princesa entregó a una de sus doncellas para que lo abandonase en algún lugar desierto y así muriera de hambre y sed.

Pero la doncella, más humanitaria que su señora, si bien abandonó al pájaro, le dejó en un lugar donde pudiera sobrevivir.

Pero Beber no se conformaba con su condición de pájaro y buscaba desesperadamente quien le desencantara.

Un día, llegó volando a una hermosa ciudad y entró por una de las ventanas del palacio.

La reina de aquel país conocía muchas cosas de magia y al ver a tan extraordinario pájaro, comprendió enseguida que se trataba de un hombre encantado.

Vertió sobre el animalillo una taza de una poción bien-hechora y Beber recobró su figura primitiva.

—¡Gracias, señora! —murmuró el príncipe—. ¿Cómo podría agradeceros lo que habéis hecho por mí?

—¡Sois bello y joven! —respondió la soberana—. ¡Quedaos para siempre a mi lado!

Pero Beber le explicó que quería regresar a su país ya que su madre estaría padeciendo por su ausencia.

Al oír estas palabras la reina se enfureció tanto que el príncipe Beber tuvo que salir corriendo de su presencia, ya que la «reina-maga» quería apoderarse de él para encantarle de nuevo.

Pero Beber pudo llegar al puerto y se metió en un barco como marinero.

Mas el barco naufragó en un paraje desconocido y Beber ganó una extraña costa a nado.

Por la playa y el campo corría, como desesperados, muchos animales. Y la extrañeza de Beber aumentó todavía más cuando, acercándose a la ciudad, se dio cuenta de que por ella solo transitaban mujeres.

—¿Acaso eres forastero? —le preguntó un viejo—. ¡Sí, sin duda debes serlo ya que si fueses de este país sabrías que nuestra soberana se enamora de cada hombre joven que ve y, apoderándose de él, le lleva a su palacio donde le agasaja y le llena de mimos y comodidades!

—¡Bueno! Pues ese no es un destino tan malo —comentó Beber un tanto divertido.

—No hablarías así si supieras el final de la historia. Porque cuando la reina Laba ve otro joven del que se enamora, convierte al anterior en cerdo, mula, buey o carnero.

—Entonces —prosiguió Beber—, ¿esa es la razón por la que he visto tantos animales y también por lo que las calles solo están transitadas por mujeres?

El anciano ya se disponía a contestar cuando un lejano sonido de trompeta le estremeció.

—¡Viene la reina! —exclamó—. ¡Escondeos si no queréis seguir la misma suerte que todos los jóvenes de la ciudad!

Pero Beber ya no escuchaba sus palabras. Estaba admirado viendo el cortejo que se dirigía hacia él: los guardias eran gallardos e iban vestidos de púrpura y brocado. Los caballos, guarnecidos con maravillosos arneses, iban formados en grupos de a veinte. Después, seguía un grupo de esclavas a pie y entre ellas iba la reina Laba montando un maravilloso caballo.

Beber se quedó prendado de la hermosura de aquella reina que llevaba, además, el rostro descubierto.

—¿Quién sois? —le preguntó.

—Soy el príncipe Beber, de las Indias —respondió el muchacho.

—Pues de ahora en adelante serás solamente mi esclavo.

Y sin dar tiempo a que el joven pudiera defenderse, los guardias lo llevaron prisionero a palacio.

Allí, el joven príncipe fue lujosamente ataviado y poco después estaba de nuevo en presencia de la reina.

—A mi lado, nada os ocurrirá —le dijo esta con voz dulce—. Si accedéis a todos mis deseos podremos ser felices por mucho tiempo.

Pero Beber había aprendido a desconfiar de los rostros hermosos y a pesar de que los días se iban sucediendo y la reina le trataba con infinita dulzura y cortesía, sabía que nada bueno podía, en definitiva, esperar de ella. Y una noche en que el muchacho fingió dormir, descubrió que la reina Laba se libraba a unos raros encantamientos.

Pronunciando unas palabras mágicas hizo aparecer un fuego en la habitación y después, con ayuda de unos polvos que iba sacando de unas cajitas, coció un pastel que guardó después cuidadosamente en un armario.

«Ese pastel debe estar encantado y sin duda, haciéndome comer de él, me convertirá en animal como a mis desgraciados antecesores. Pero yo seré más listo que ella», se dijo Beber. Y así, cuando la reina Laba abandonó la estancia, Beber, pronunciando las mismas palabras mágicas que había oído decir a la reina y utilizando los mismos polvos de las cajitas, confeccionó otro pastel de idénticas características.

A la mañana siguiente, la reina le invitó a almorzar en sus aposentos y presentándole un trozo de pastel le dijo:

—¡Comed, bello príncipe, este pastel que con infinito amor he confeccionado para vos!

Beber tomó el trozo de pastel y con habilidad lo sustituyó por otro trozo del que él había realizado. Comenzó a comer despacio. Y entonces vio como la belleza de la reina se transformaba. Esta, poniéndose en pie y abriendo desmesuradamente los ojos y agitando las manos, pronunció estas palabras:

—¡Desgraciado! ¡Abandona tu bella figura para tomar la de un caballo tuerto!

Pero las palabras de la reina no causaron ningún efecto. Y esta se quedó muy asustada al ver que su mandato no se cumplía. Viendo que Beber echaba mano a la espada, sonrió dulcemente y dijo:

—¡Ha sido una broma! ¡Quería ver si erais capaz de creer que yo os podía causar algún daño!

—¡Tranquilizaos, señora! —respondió el príncipe—. ¡Nada malo espero de vos! Y para que veáis lo mucho que yo también os amo, comed un trocito de este pastel que he mandado a realizar para vos.

La reina se quedó perpleja y dudó durante un instante. ¡La había cogido en su propia trampa! Pero, como no creía que Beber disfrutase de poderes de encantamiento, comió confiada el pastel.

Y fue entonces cuando Beber, que aprendió de la reina lo que había que decir para que el encantamiento se produjera, se levantó y dijo:

—¡Desgraciada! ¡Deja tu forma primitiva para convertirte en yegua!

Y la reina Laba se transformó en yegua.

—¡He librado al país de la tirana! —gritó Beber. Y todo el pueblo le aclamó, pues con harto dolor habían venido sufriendo la desaparición de los jóvenes más bellos y fuertes.

No aceptó Beber el gobierno de aquel país que el pueblo quería otorgarle, pues su corazón ansiaba volver a ver a su madre y partió montado en la yegua blanca en la que había convertido a la reina.

—¡No le quitéis jamás la brida! —le aconsejó el

anciano que en un principio había conocido—. Si alguna vez cometéis esa debilidad, la reina recobrará su primitiva figura y se vengaría cruelmente de vos.

—Seguiré vuestro consejo —le prometió Beber. Y después, partió.

Pero cuando solo llevaba dos días de camino, Beber se encontró con una viejecita que al ver a la yegua se puso a llorar amargamente.

—¿Por qué sentís tanta pena? —le preguntó el joven, compadecido.

—¡Oh, mirad que esta yegua es igual a una que tenía mi difunto hijo, y al verla me ha entristecido tanto que mi pena solo se me pasará si me la vendéis!

—¡No está en venta!

—¡Por caridad! ¿Seréis capaz de presenciar el sufrimiento de una pobre anciana?

La viejecita lloraba con tal pena que Beber no pudo resistir aquel espectáculo y le regaló la yegua.

Pero mejor que nunca lo hubiera hecho, porque aquella viejecita era la madre de la reina Laba y cuando la yegua pasó a sus manos lo primero que hizo fue quitarle la brida.

Ante el aterrorizado Beber apareció de nuevo la hermosa y malvada reina que, echándole un poco de agua sobre el rostro, le dijo:

—¡Ahora me vengaré de ti! ¡Conviértete en lechuza!

Después, entregando la lechuza a una esclava, le ordenó:

—¡Llévala a mi palacio de la Ciudad de los Encantos! ¡Ya veré lo que hago con ella!

La esclava obedeció la orden de su ama. Pero, como estaba harta de que la reina Laba la tratase tan mal, aprovechó aquella pequeña libertad que su señora le había concedido para llevar a la lechuza al palacio, para huir después lejos de aquel lugar.

Y andando, andando y pasando muchas calamidades, la infeliz mujer llegó al reino de Persia.

—¡Oh, gran señora! —dijo la esclava postrándose a los pies de la reina Gulnara, madre de Beber y antigua princesa del mar—. Vuestro hijo corre un gran peligro. ¡Está en poder de la reina Laba que le ha convertido en lechuza y, probablemente, acabará matándole!

La reina Gulnara lloró amargamente al escuchar estas tristes noticias, y después de abrazar a aquella esclava que le había traído noticias de su hijo y de colmarla de honores, riquezas y agasajos, se fue a visitar a su hermano, el rey del mar.

Saleh, el rey del mar, convocó a todos sus ejércitos marinos. Llamó a todos los genios amigos y elevándose de las aguas, volaron hacia la ciudad de los Encantos.

La lucha fue muy cruenta, pero terminó con la victoria de los ejércitos de Saleh.

Y cuando la reina Gulnara tuvo el placer de abrazar de nuevo a su hijo que ya había recobrado su primitiva forma, le preguntó:

—¿Qué puedo hacer, hijo mío, para compensarte de tantos sufrimientos como has padecido?

—Buscar a la princesa Giauhara, madre. A pesar de lo que me hizo, la amo. No podré ser feliz si ella no se casa conmigo.

El rey de Samandal, que después de un largo período de haber sido prisionero ya no tenía tanto orgullo, consintió en aquella boda pensando que así podría recuperar de nuevos sus estados.

Pero ¿qué opinaría de todo ello la princesa Giauhara…? Un oficial del príncipe de Persia fue a buscarla a la isla desierta donde había buscado refugio y la llevó a presencia del príncipe Beber.

Y ante la sorpresa de este, que esperaba de nuevo ser rechazado, la princesa, postrándose a sus pies, le dijo:

—¡Perdón, oh príncipe, por todo el mal que os hice! Mi orgullo me hizo convertiros en pájaro, pero bien pronto me arrepentí de aquel encantamiento. Me di cuenta de que me había enamorado de vos y cuando quise recuperaros para devolveros vuestra primitiva figura, ya no pude encontraros. ¡Habíais volado de la isla! Pero ahora, me postro ante vos, sumisa y arrepentida, para sufrir el castigo que merezco por mi mal comportamiento.

—¡Alzaos, princesa! —le dijo tiernamente el príncipe—, y si sois capaz de amarme, ese será el castigo que os impongo para toda la vida.

VIII

En otro tiempo hubo en Basora un rey muy justo que tuvo la desgracia de morir antes de completar la educación del hijo que había de heredar todo su poder. El joven Zeyn, que así se llamaba el príncipe, sin conocer los inconvenientes y sinsabores de la vida, al verse investido de poder a corta edad, malgastó su fortuna en placeres y gobernó tan mal como pudo.

Su madre, muy a pesar suyo, le destituyó del poder y puso en su lugar un consejo de ancianos. Y el joven príncipe tuvo tiempo entonces para reflexionar sobre su proceder.

En sus días de aburrimiento recorría una y otra vez el palacio y pasaba largas horas encerrado en el antiguo gabinete de su padre, intentando adquirir en los libros del difunto la sabiduría que su progenitor había poseído. Y un día hizo un extraño descubrimiento: una trampa en el suelo disimulada por una alfombra. Abrió la trampa y vio que, a través de una escalera, conducía a una estancia que estaba llena de tesoros.

—La fortuna personal de mi padre que ahora pasará también a mis manos —pensó.

Pero aún hizo otro descubrimiento: una sala contigua en la que había diez pedestales con nueve estatuas maravillosas. El décimo pedestal permanecía vacío y sobre él habia una carta de su padre que decía:

«Completa tú, hijo mío, esta hermosa colección que ha sido la ilusión de mi vida».

Dispuesto a cumplir el mandato de su padre, partió hacia El Cairo en busca de un antiguo esclavo llamado Morabec.

Este esclavo —que ahora era un gran señor— le dijo que solamente podría encontrar la décima estatua en la isla del rey de los genios.

Y dispuesto a no cejar en su empeño, el joven Zeyn hacia allí se dirigió. Pero el rey de los genios no estaba dispuesto a entregarle la décima estatua sin ninguna condición.

—Ve por el mundo —le dijo— y busca a una joven tan bella y virtuosa que nunca haya pasado por su imaginación la idea de casarse, tener novio o dedicarse a distracciones poco honestas. Cuando la hayas encontrado, tráela aquí y yo te daré a cambio la estatua que deseas.

—Pero ¿cómo reconoceré la virtud de esa joven? —preguntó el príncipe—. No es cosa que se lleve reflejada en el rostro, como la belleza.

—¡Toma este espejo! —le dijo el rey de los genios—. Y cuando la imagen de una joven se refleje en él con toda nitidez, sabrás que has encontrado a la muchacha que buscas.

Partió en busca de aquella doncella y cada joven que veía la hacía que se mirase en el espejo. Mas, este siempre se empañaba. Pero por fin, encontró la preciada joya.

Era esta una joven de quince años tan pura que nunca había desobedecido a su padre. Una alegre y cantarina risa se escapaba siempre de sus labios y nadie que hubiera solicitado su ayuda había quedado defraudado.

Para poderse llevar a aquella joven consigo, el príncipe Zeyn tuvo que prometer al padre de la muchacha que se casaría con ella. Pero a medida que se iban acercando a la tierra del rey de los genios, el muchacho se daba cuenta de que se estaba enamorando más y más de la bella y pura muchacha.

«¿Y por qué tengo que entregársela al rey de los genios si puedo guardarla para mí?», se decía. Y en sus noches de insomnio se torturaba entre el deseo de cumplir su promesa y el natural gobierno de guardar para sí tan preciado tesoro.

Y de tal manera sufría el príncipe, que no quiso ver más a la bella muchacha para que la tentación de quedarse con ella no lo venciera.

Llegó por fin a la isla del rey de los genios y tal como lo había prometido, le entregó la doncella.

Esta, viendo que el príncipe jamás se casaría con ella, inició un desesperado llanto que partía el corazón del joven príncipe.

—¡Veo —le dijo el rey de los genios— que has sido capaz de cumplir tu promesa! Vuelve a Basora, baja a la estancia de las estatuas y encontrarás sobre el décimo pedestal la figura que completará la colección.

Obedeció el príncipe esta orden sin ningún contento, pues había perdido completamente la ilusión que le empujó a aquella aventura.

—¿De qué me sirve haber completado el tesoro que mi padre me legó si he perdido lo que más amaba...? —se lamentaba.

Pero cuando llegó a Basora, bajó a ver si el rey de los genios había cumplido su palabra.

Y, efectivamente, la décima estatua estaba allí: ¡Era la joven doncella que él mismo había entregado al rey de los genios!

—¡Príncipe mío! —le dijo la joven arrojándose en sus brazos—. Todo ha sido una estratagema del rey de los genios. Quería saber si eras capaz de cumplir una promesa. Y ahora se ha dado cuenta de que puede confiar en tu propósito de gobernar tu país con más tino que antes.

Y los dos muchachos se casaron y el príncipe Zeyn, ya convertido en soberano, gobernó su reino con tanta sabiduría y justeza como su padre lo había hecho.

IX

Érase una vez un hombre feo y repugnante que poseía un caballo volador.

Un día se fue a ver al sultán y le propuso que le regalaría el caballo si, a cambio, le concedía la mano de la princesa.

El sultán y el príncipe heredero, Firuz, se enfadaron mucho con esta propuesta y mientras el padre mandaba encarcelar al atrevido, el príncipe se apoderó del caballo para comprobar si era verdad que poseía la facultad de volar.

Y el caballo voló. Pero el príncipe montó sobre él tan precipitadamente que no había recibido las debidas instrucciones para hacerlos descender de los aires. Y así voló durante dos días con sus consecutivas noches.

A la tercera noche, por fin, encontró la clavija que hacía descender al caballo, pero como la oscuridad le envolvía no supo orientarse y aterrizó sobre una terraza del aposento de la princesa de Cachemira.

La joven se asustó mucho al verle, pero al comprobar que era guapo y gallardo, se enamoró perdidamente de él.

—¡Vente conmigo a mi reino! —le propuso Firuz— Allí te casarás conmigo y así tu padre no tendrá más remedio que consentir en esta boda.

Dudó un poco la princesa antes de dar este paso, pero el amor que sentía por el joven acabó por convencerla.

Pero ojalá nunca lo hubiera hecho, porque cuando llegaron al reino de Firuz, el hombre feo y repugnante, antiguo poseedor del caballo volador, se había escapado de la cárcel. Dispuesto a vengarse del sultán y su hijo que tan mal le habían tratado, se apoderó con malas artes del caballo y raptando a la princesa de Cachemira, se la llevó por los aires.

El príncipe Firuz se dio cuenta de lo mal que había procedido y se dispuso a dar la vuelta al mundo para encontrar otra vez a su amada.

Pero la mala suerte quiso que el hombre feo y repugnante fuera a parar con su caballo volador y la princesa de Cachemira al reino de Bengala y se tropezasen, en un momento de descanso, con una cacería real.

El sultán, prendado de la belleza de la princesa, dio muerte al dueño del caballo volador y decidió casarse con aquella joven.

Pero la princesa prefería la muerte antes que entregar su amor a otro hombre que no fuera Firuz. Y para evitar la boda con el sultán de Bengala, se hizo pasar por loca.

Todos los médicos del reino la visitaron sin que ninguno encontrase remedio a su extraña dolencia y así, llegó a la capital un extranjero: era el príncipe Firuz disfrazado de doctor.

—Princesa —dijo al oído de la joven cuando pudo visitarla—, soy yo, Firuz. He venido porque os amo y deseo ayudaros a huir de este país.

—¡Príncipe mío! —respondió la muchacha—. Cada día y cada noche he esperado que vinieras por mí.

Y los dos juntos planearon la huida.

Firuz convenció al sultán de que para curar a la princesa necesitaba ver al caballo que la había traído a aquel país.

—Le tengo guardado en mis caballerizas —le respondió el sultán.

—Pues disponed que mañana sea trasladado a la plaza pública donde, en presencia de todos, yo curaré a la princesa de su extraña dolencia.

Muy satisfecho, el sultán de Bengala mandó que se cumpliese todo lo dispuesto por el médico impostor y así, al día siguiente, un gran gentío se congregó en la plaza pública.

Firuz ordenó que la princesa montase sobre el caballo y después, él mismo, dando un salto formidable, hizo lo mismo.

Apretó la clavija que el animal mágico tenía detrás de la oreja y ante la sorpresa de todo el mundo, el caballo se elevó por los aires.

—¡Sultán de Bengala! —gritaba Firuz—. ¡La princesa ya está curada! ¡Y se casará conmigo! ¡Cuando queráis desposar una doncella, procurad de ahora en adelante que ella os haya dado antes su consentimiento!

El sultán de Bengala estaba rojo de ira.

Pero ni el más poderoso ejército podía detener a aquel caballo mágico.

Poco a poco, fue desapareciendo de la vista de todos.

El príncipe Firuz y la princesa de Cachermira fueron muy felices. El padre de la muchacha perdonó el arrebato del joven y consintió en su matrimonio.

Las fiestas duraron varios días y a través de los años fueron recordadas con regocijo por todo el mundo.

Pero ¿qué pasó con el caballo volador?

Sucedió que el padre de Firuz, arrepentido del comportamiento que había tenido con el hombre feo y repugnante, mandó que fuese encerrado en las caballerizas reales, y nunca más se sirvió de él, como no fuese para dar pequeños paseos por el campo.

X

Aladino era el único hijo de un pobre sastre que un día se murió de tanto trabajar para ganarse la vida.

La madre y el muchacho quedaron muy desamparados, viéndose obligados a ir vendiendo poco a poco todo lo que tenían para sobrevivir.

Y un día que el muchacho jugaba en la calle, se le acercó un hombre que le dijo:

—Oye, he hecho un largo viaje desde África para venir en busca de una cosa que se encuentra en un estrecho subterráneo. Y yo no puedo entrar allí por mi corpulencia. Pero si tú me ayudas, te daré unas monedas.

Aladino estaba tan necesitado de dinero que aceptó. Llegó junto al subterráneo del que el hombre africano le había hablado y descendió por una estrecha pendiente que le condujo hasta una espaciosa estancia.

—¿Y qué tengo que hacer ahora? —preguntaba el muchacho elevando la cabeza para que su voz llegase hasta el africano que se había quedado en el exterior.

—¡Busca una lámpara vieja que por ahí encontrarás y tráemela!

Y Aladino encontró lo que le pedían.

Ya se disponía a salir y entregar la lámpara a aquel desconocido, cuando Aladino pensó «¿Para qué querrá ese desconocido esta lámpara vieja y roñosa?». Y, ni corto ni perezoso, se lo preguntó.

—¿A ti qué te importa? —le respondió el africano—. ¡Dame la lámpara y te ayudaré después a salir de ese agujero!

Pero Aladino dijo que no. Antes de salir de allí y entregarle el objeto, quería saber para qué lo necesitaba.

El africano se puso tan furioso por esta negativa, que Aladino tuvo ahora miedo de salir de allí, pues no estaba muy seguro de que aquel desconocido no le propinase algunos pescozones.

—¡Sal y entrégame la lámpara! —gritaba.

Mas, ante la negativa del niño, el hombre, furioso, cogió una enorme piedra y cerró la entrada del subterráneo. Desde allí, Aladino oyó la terrible carcajada del africano.

—¡Ja, ja, ja! ¡Te quedarás encerrado por siempre! ¡Nadie te sacará de ahí! ¡Ese es el castigo a tu desobediencia!

Y después, todo fue silencio.

Estaba Aladino muy preocupado preguntándose cómo podría abandonar aquel encierro, cuando se distrajo contemplando la lámpara.

—Y pensar que todo esto me ha sucedido por este viejo objeto. ¿Será de oro y yo no me he dado cuenta al hallarse tan cubierta de polvo…?

Y con un gesto reflejo, frotó suavemente la lámpara para ver de qué metal estaba construida.

Entonces ocurrió una cosa sorprendente que dejó a Aladino desconcertado: del pitorro del objeto comenzó a salir un humo color naranja que, poco a poco, fue tomando la figura de un imponente genio.

—¡Soy el genio de la lámpara! —dijo con voz de trueno—. ¿Qué quieres de mí? Ahora tú eres mi dueño. ¡Manda y obedeceré!

Aladino no daba crédito a lo que oía. ¿Sería aquello verdad? Y con voz trémula ordenó al genio que le sacase de allí y que le llevase a su casa.

Se oyó un ruido atronador e instantes después Aladino se encontraba en su casa con la lámpara en la mano.

—¡Es verdad! —se dijo—. ¡La lámpara tiene poderes mágicos! ¡Por eso aquel hombre quería apoderarse de ella!

Y a partir de entonces, se acabaron las necesidades de Aladino y su madre. El genio de la lámpara les proporcionaba todo cuanto querían.

Y así, el muchacho creció. Y un día se enamoró de la princesa del país.

—¡Madre! ¡Quiero casarme con ella! ¡Ve al palacio y pide su mano para mí!

El rey creyó que se trataba de una broma, pero cuando vio que la madre de Aladino le traía todas las riquezas que él pedía a cambio de esta boda, se convenció de que aquella petición iba en serio y acabó consintiendo en entregar a su hija a un ser tan rico como Aladino.

Y se celebró la boda y el matrimonio fue muy feliz, viviendo en un hermoso palacio que Aladino había solicitado del genio de la lámpara.

Pero la felicidad de Aladino muy pronto se terminaría.

Un día, el hombre africano se decidió a volver al país donde él creía que había dejado a Aladino encerrado para siempre.

—¡Maldita sea mi suerte! —se decía, reconociendo en aquel joven y poderoso señor al niño que él había encerrado en el subterráneo—. ¡Seguro que ha descubierto el secreto de la lámpara y está disfrutando de sus beneficios! ¿Cómo podré apoderarme de ella?

Y pensando y pensando, el hombre africano dio con la solución. Se fue a un mercado de cosas nuevas y compró cinco relucientes lámparas. Después, disfrazándose de vendedor, se colgó las cinco lámparas al hombro y comenzó a pasearse delante del palacio de Aladino.

—¡Cambio lámparas nuevas por viejas! —voceaba.

Y este grito llegó hasta la esposa de Aladino que se entretenía en ordenar el palacio con ayuda de sus criadas, mientras su esposo había salido de cacería.

—¡Mira qué bien! —se dijo—. Aladino se pondrá muy contento cuando vea que he hecho tan buen negocio cambiando la lámpara vieja de su habitación por una nueva. ¡Buen hombre! ¡Buen hombre! —llamó.

Tan pronto como tuvo en su poder la lámpara mágica, el falso vendedor la frotó y ordenó al genio que se le apareció:

—¡Quiero que traslades este palacio y todo lo

que hay dentro a África, y a mí también!

—¡Seréis obedecido! —respondió el genio a su nuevo señor.

Y en un abrir y cerrar de ojos, el palacio, las criadas, la princesa y el propio hombre africano, desaparecieron del lugar que hasta pocos instantes antes ocupaban.

—¡Ay! —se lamentaba la esposa de Aladino viendo que había sido objeto de un engaño—. ¿Qué será ahora de mí...?

Cuando Aladino regresó de su cacería, se dio cuenta de que todo lo había perdido. Desesperado por la desaparición de su querida esposa, se dispuso a recorrer el mundo para encontrarla.

Y así pasó mucho tiempo. Pero un día, Aladino llegó a tierras africanas y reconoció en un palacio su antigua casa.

Esperó que cayera la noche y con sigilo se introdujo en él por una ventana y se dirigió a la alcoba de su esposa.

—¡Oh, esposo mío! —exclamó la princesa al verle—. ¡Qué contenta estoy de que por fin me hayas encontrado! Sabrás que soy la prisionera de un hombre africano que a toda costa quiere casarse conmigo. Y sin duda debe ser un mago, pues trasladó nuestra casa hasta aquí en un abrir y cerrar de ojos.

—Pero ¿y la lámpara? —preguntó Aladino.

Entonces su esposa le contó lo que había ocurrido.

—Tenemos que apoderarnos de ella de nuevo y puesto que tú dices que es hombre la lleva colgada del cinturón, un día, simularás que accedes a sus deseos y le invitarás a beber una copa de vino.

—¿Y qué conseguiremos con ello? —le preguntó su esposa.

—¡Que caiga en un profundo sueño ya que, anteriormente, habremos echado en ese vino unos polvos que producen tal efecto!

Y la joven, al día siguiente, siguió todas las instrucciones que le había dado Aladino.

El hombre africano se puso muy contento, pensando que había vencido la resistencia de tan gentil dama y bebió la copa de vino que esta le tendía, sin sospechar nada.

Pero cuando estuvo sumido en un profundo sueño, Aladino, saliendo de su escondite, se apoderó de nuevo de la lámpara y frotándola ordenó al genio que le trasladase a él y a su esposa a su país de origen.

—¿Y la casa? —le preguntó la princesa.

—Se la regalamos al hombre africano —le contestó Aladino divertido—. Nosotros haremos construir otra por tan gentil servidor como ahora tenemos.

Y a partir de entonces, la felicidad acompañó siempre a Aladino que nunca más volvió a perder su lámpara maravillosa.

XI

Vivían en una ciudad de Persia dos hermanos llamados Alí-Babá y Casim que eran muy pobres. Y mientras Casim tuvo la suerte, o la desgracia, de casarse con una mujer rica, pero gruñona y ambiciosa, Alí Babá contrajo matrimonio con una joven linda y tan pobre como él.

Se ganaba la vida Alí-Babá recogiendo leña en el bosque cuando un día oyó el galope de unos caballos.

Sintió miedo y se escondió tras una roca y entonces pudo presenciar algo extraordinario. Al mando de un hombre iban treinta y nueve jinetes que se pararon frente a un muro de roca.

—¡Sésamo, ábrete! —oyó Alí-Babá que gritaba el jefe.

Y ante su sorpresa, vio que la piedra se abría como por arte de encantamiento y que los cuarenta hombres entraban al interior de una cueva.

Poco después, los cuarenta jinetes abandonaban la cueva disimulada en la roca y con la misma sorpresa de antes oyó que uno de ellos gritaba:

—¡Sésamo, ciérrate!

Y la roca se cerró de tal manera que nadie hubiera podido asegurar que allí se encontraba entrada alguna.

Cuando Alí-Babá estuvo completamente solo, se puso frente a la roca y algo tímidamente dijo:

—¡Sésamo, ábrete!

Y la roca se abrió. Se presentó ante él la entrada de una cueva en la que nuestro héroe se adentró no sin cierto temor.

Y si el asombro había sido grande viendo que la piedra se abría ante aquellas mágicas palabras, no lo fue menor al contemplar las riquezas que aquella cueva ocultaba.

—Debo haber descubierto la guarida y escondite de unos ladrones —se dijo Alí-Babá.

Y teniendo en cuenta aquel dicho que dice «el que roba a un ladrón tiene cien años de perdón», llenó las alforjas de su asno de todas las monedas de oro que pudo.

De regreso a su casa, le contó a su mujer lo que había acontecido.

—Mira, si queremos saber cuántas monedas de oro ahora poseemos, nos pasaremos la noche contando y ni aun así acabaremos. Ve a casa de mi hermano y pídele una medida para medir grano.

La mujer le obedeció, pero no quiso responder a Casín cuando este le preguntó qué es lo que su hermano quería medir.

«No importa», se dijo Casim, «pondré en el fondo de la medida un poco de grasa y así quedarán pegadas en el fondo algunas partículas de lo que mi hermano quiere medir y me enteraré de qué se trata».

Su sorpresa fue grande cuando, al devolverle la medida, Casim vio que en el fondo de la misma había pegada una moneda de oro.

Se fue a visitar a su hermano y no paró hasta que este le confesó su secreto.

Y como Casim era muy avaricioso, se dirigió aquella noche a la cueva de los ladrones y pronunciando las palabras mágicas, entró en la estancia de los tesoros. Se llenó los bolsillos con piedras preciosas y se prometió que volvería allí con un mulo para llevarse más cosas. Pero cuando quiso abandonar la cueva se dio cuenta de que se había olvidado de las palabras mágicas, y allí se quedó encerrado.

Los ladrones le descubrieron y el final del pobre Casim puede ser imaginado.

Alí-Babá, al darse cuenta que su hermano había desaparecido, sospechó inmediatamente que había ido a la cueva de los ladrones. Y como le quería, fue en su busca. Su pena fue muy grande cuando se dio cuenta de que los ladrones lo habían matado.

Recogió su cuerpo y le llevó a la ciudad dispuesto a hacerle los funerales de costumbre.

Y fue este hecho lo que motivó a que los cuarenta ladrones se dieran cuenta de que Alí-Babá también había descubierto su secreto.

—¡Hemos de vengarnos de él —dijo el capitán— por habernos robado parte de nuestro tesoro!

Pero apoderarse de Alí-Babá ahora ya no era cosa tan fácil.

Debido a las monedas de oro que se llevó de la

cueva de los cuarenta ladrones, se había convertido en un hombre importante y se dedicaba al comercio y su casa estaba bien guardada por criados y esclavos.

—Entraremos en su casa con una estratagema —dijo el capitán de los ladrones—. Yo me disfrazaré de comerciante y vosotros os esconderéis en treinta y nueve tinajas que parecerá que contengan vino.

—Pero ¿cómo entraremos en casa de Alí-Babá? —preguntó uno de los ladrones.

—Muy sencillo —respondió el capitán—. Le pediré albergue para pasar la noche y como hombre importante que ahora es, no me podrá negar ese favor. Vosotros, escondidos en las tinajas que irán a lomos de sendas mulas, entraréis de esta forma al patio. ¡Ya me encargaré yo en cualquier momento de la noche de haceros una señal! Y como habremos dejado las tapas de las tinajas solamente encajadas, podréis reuniros conmigo. ¡Aprovechando que todo el mundo duerma, daremos muerte a amos y criados!

Y tal como había concebido su plan, el capitán de los cuarenta ladrones lo llevó a la práctica.

—¿Podrías darme albergue para esta noche?

—¡Naturalmente! —respondió Alí-Babá sin sospechar que aquel honrado mercader era en realidad el jefe de los ladrones—. ¡Entrad vuestras mulas al patio trasero de la casa! ¡Y vos, si me hacéis el honor, podréis cenar conmigo y con mi hijo!

Escondidos en las treinta y nueve tinajas, los ladrones esperaban la señal de su capitán.

Pero he aquí que ocurrió una cosa inesperada.

Morgiana, una de las esclavas de Alí-babá que

se ocupaba de la cocina, mientras preparaba la cena para su señor y el invitado, se dio cuenta que se había quedado sin aceite.

—¡Iré al patio trasero a buscar más! —se dijo—. ¡Allí tenemos guardadas las tinajas!

Y ni corta ni perezosa se dirigió hacia el patio trasero.

Al oír unos pasos que se acercaban, uno de los ladrones, creyendo que se trataba de su capitán, dijo desde el interior de la primera tinaja:

—¿Ya es la hora, capitán? ¿Atacamos a ese Alí-Babá y a toda su familia?

Morgiana se quedó muy asombrada, pero comprendiendo que aquello era un complot que se había preparado contra su señor, actuó con rapidez.

—¡No! ¡Yo os avisaré! —dijo simulando una voz de hombre.

Después, con mucho cuidado, cerró herméticamente la tapa de la primera tinaja que solamente estaba encajada.

Una a una fue repitiendo la misma operación con cada una de las tinajas.

—¡Dormid un poco! —aconsejaba—. ¡Yo os avisaré cuando llegue el momento!

Y abandonó el patio después de asegurarse que todas las tinajas estaban perfectamente cerradas.

Más tarde, se dirigió con sigilo al comedor donde su señor, acompañado de su hijo y el falso mercader, ya estaban esperando que les sirvieran la cena.

«¿Qué podría inventar para que ese hombre se descubriera», se decía Morgiana. Y poco después, creyó encontrar solución.

Después de servir la cena, Morgiana se vistió con sus mejores galas y entró en el comedor.

—¡Permitidme, señor Alí-Babá, que os obsequie a vos y a vuestro invitado con una danza! —dijo a su señor.

Alí-Babá se sorprendió mucho, pues no sabía que Morgiana supiera bailar, pero accedió al deseo de la muchacha.

Y esta comenzó a danzar. Y en un momento dado, sacando de la manga un cuchillo de cocina, dio un fenomenal salto y amenazó con él al capitán de los ladrones.

Este, creyéndose descubierto, se puso rápidamente en pie y gritó:

—¡A mí, mis hombres! ¡Salid de las tinajas! ¡Me atacan…!

Pero Morgiana sonrió y le respondió:

—Ya os tengo, falso mercader. Vos mismo os habéis descubierto. En cuanto a vuestros hombres, no podrán salir de las tinajas porque yo misma me he preocupado de encerrarlos en ellas.

Alí-Babá y su hijo, que se habían puesto de pie, nada comprendían de cuanto estaba ocurriendo, pero cuando Morgiana arrancó la barba al falso mercader, Alí-Babá pudo darse cuenta de que aquel era el jefe de los cuarenta ladrones.

Poco después, el guardia del mismísimo sultán se hizo cargo de los malhechores, felicitando además efusivamente a Alí-Babá por haber librado al país de aquellos ladrones que asolaban la región.

Pero Alí-Babá sabía que las felicitaciones no debían ser para él. Llamó a Morgiana y haciendo que todos los presentes sirvieran de testigos de la escena, le concedió la libertad.

Y así terminó el cuento de Alí-Babá y los cuarenta ladrones.

XII

Había una vez un rey que tenía tres hijos a los que dijo:

—¡Id por el mundo en busca del pajarito de oro y aquel que me lo traiga heredará mi reino!

Se fueron los tres hermanos y mientras los dos mayores solo consiguieron que un bandido les despojase de cuanto tenían, el pequeño logró encontrar al pajarito de oro y también a su dueña, a la que decidió conducir al palacio de su padre para convertirla en su esposa.

Pero los dos hermanos mayores tenían celos del pequeño y en el viaje de regreso decidieron deshacerse de él.

La dueña del pajarito de oro, sospechando la maldad de los hermanos de su prometido, había entregado a este un brazalete de oro exactamente igual a otro que ella se había quedado.

—¡Si alguna vez os ocurre algo —le dijo— enviadme este brazalete! Yo lo reconoceré y sabré que estáis en peligro.

Y la maldad de los dos hermanos se cumplió: dejaron abandonado al menor en el fondo de un pozo al que el joven había descendido para buscar agua para todos.

—¡Ay, padre mío —dijeron al rey a su regreso a su país—, te traemos al pajarito de oro y también a su dueña, pero nuestro hermano pequeño ha muerto por el camino!

Grande fue la tristeza del rey, pero al fin hubo de conformarse con su suerte y decidió dividir su reino en dos para que sus hijos gobernasen.

—En cuanto a ti —dijo a la dueña del pajarito de oro—, te casarás con mi hijo mayor ya que por tu hermosura y bondad mereces ser la reina de mi país.

—¡Señor —dijo la muchacha— yo no me casaré con nadie que no sea capaz de presentarme otro brazalete igual!

Tomó el rey el brazalete que la muchacha le había entregado y mandó que sus emisarios recorrieran con él todo el país para ver quién era capaz de fabricar otro igual.

No tardó en presentarse en palacio un joven joyero, con el rostro cubierto, que mostró una joya idéntica a la que los emisarios del monarca habían ido mostrando por todo el país.

—¡Este hombre será mi esposo! —exclamó la dueña del pajarito de oro corriendo hacia el joven joyero de rostro cubierto. Ella sabía que aquel hombre no podía ser otro que su antiguo prometido que había desaparecido tan misteriosamente.

Y efectivamente de él se trataba.

—¡Hijo mío! —exclamó el rey cuando el joven se descubrió la cara—. ¡Tus hermanos me dijeron que habías muerto!

—Mis hermanos te engañaron ya que fueron ellos los que deseaban mi muerte, dejándome abandonado en el fondo de un pozo. Pero un camellero que acertó a pasar por allí y que quiso dar de beber a sus animales, me sacó del pozo y ante vos me presento, padre mío, para que hagáis justicia.

—La justicia la harás tú, hijo mío —dijo el rey—, ya que como había prometido, te entrego mi reino entero por haberme traído el pajarito de oro. ¡Tú decidirás la suerte de tus hermanos!

Pero el hijo pequeño del monarca era tan feliz por haber recuperado a su linda amada y que todo se hubiera esclarecido, que se sintió magnánimo y perdonó a sus dos hermanos.

Los dos hermanos del nuevo rey, avergonzados de su comportamiento y por la conducta generosa de su hermano, prometieron que nunca más volverían a traicionarle. Y cumplieron su promesa.

* * *

El rey de las Indias no se cansaba de escuchar a su linda esposa Sherezade que, madrugada tras madrugada, inventaba para él bonitas y sugestivas narraciones.

Pero la joven tenía siempre buen cuidado de que, cuando llegaba la hora en que el soberano tenía que abandonarla para cumplir con sus obligaciones de gobernante, la narración quedase interrumpida en el momento más emocionante.

Y así, noche tras noche, durante mil y una no-

ches, el rey de las Indias le fue perdonado de ser condenada a muerte para saber cómo terminaba cada cuento.

También se dio cuenta el soberano de que en las historias que le contaba la bella Sherezade, casi siempre había un monarca injusto que terminaba perdonando a sus víctimas si estas le contaban una historia que le complacía. Y ese era exactamente su caso.

Y un día preguntó a su joven esposa:

—¿Por qué has hecho esto, Sherezade...? ¿Solamente para salvar tu vida...?

—Mi vida es lo más preciado para mí, señor —le respondió—, pero también quería que supieseis que puede haber mujeres ingeniosas, discretas y prudentes y que no a todas se las puede juzgar de la misma manera. Y, precisamente, señor, si me lo permitís os contaré una historia que conozco en la que una mujer de belleza extraordinaria...

Pero Sherezade, esta vez, no pudo continuar su narración. El rey de las Indias le tapó suavemente la boca y le dijo:

—Prosigue tu historia después, si lo deseas, pero ya solamente para mi diversión. ¡En este momento queda anulado el decreto por el que mis esposas debían morir después de casarse conmigo!

—¡Gracias, señor! —murmuró Sherezade. Y poco después, prosiguió su historia, pero esta vez en voz muy bajita y dicha casi al mismo oído del soberano.

Dinazarda, la hermana de la bella Sherezade, abandonó discretamente la estancia.

En este momento queda anulado el decreto que un día, por rabia y amor propio, proclamé en perjuicio de mi pueblo.

¡Lo ha conseguido!

¡Gracias, señor!

Y poco después, Sherezade continuaba su narración, pero esta vez en voz muy baja, al oído del sultán...

Érase una vez la hija de un visir que se enamoró de un sultán...

Dinazarda abandonó discretamente la habitación.

¡Me siento muy feliz!

AHORA, ¿QUÉ ME CUENTAS TÚ?

1. Resulta que ahora tú estás en el lugar de Sherezade y tienes que contar una historia. Redáctala cuidando de incluir en ella personajes fantásticos tal como lo hizo Sherezade.

....

....

....

....

....

....

....

....

....

....

....

....

....

....

....

....

....

....

....

....

....

2. ¿Te diste cuenta de que cada cuento tenía un mensaje o una moraleja? Resume, en las siguientes líneas, qué virtudes están exaltadas en los relatos y qué defectos también están retratados en ellos.

Virtudes	Defectos
....	....
....	....
....	....
....	....
....	....
....	....
....	....
....	....
....	....

3. En casi todos los relatos y constantemente se habla del Profeta. Investiga un poco sobre él y haz una corta reseña biográfica a continuación.

....
....
....
....
....
....
....
....
....
....
....

4. En el siguiente espacio, retrata al personaje que más te llamó la atención. Recuerda incluir todos los detalles que se te ocurran para que sea un retrato completo.

5. ¿Te fijaste en lo rápido o en lo lento que ocurren las acciones en las narraciones? Haz una pequeña reflexión sobre el tiempo en Las mil y una noches.

....
....
....
....
....
....
....
....
....
....
....
....

Actividad en grupo

- Vamos a narrar una historia, pero entre todas las personas del grupo.

- Una persona debe iniciar una narración y contarla en voz alta delante de la clase. En algún momento que considere importante o de suspenso, él o ella debe suspender la narración y dar paso a otra persona.

- El segundo alumno o alumna que sigue la narración tiene que continuar con el hilo de lo que dejó inconcluso su compañero(a).

- Sucesivamente, cada uno deberá seguir inventando una parte de la historia, pero cada quien puede ponerle mucha imaginación. Es más, si quieren darle un giro interesante a la narración, pueden ir desapareciendo personajes e inventando otros.

- Lo importante de este ejercicio es que no haya una brecha muy larga entre las intervenciones de los chicos, puesto que así se forzarán a inventar una historia en ese momento.

- Hagan un balance al final y vean cuánto se desvió la historia de cómo empezó.

ÍNDICE

TÍTULOS PUBLICADOS EN
"ARIEL JUVENIL ILUSTRADA"

1. Eneida – Virgilio
2. El príncipe y el mendigo – Mark Twain
3. Corazón – Edmundo De Amicis
4. La madre – Máximo Gorki
5. El Cid Campeador – Anónimo
6. Hamlet – William Shakespeare
7. Las mil y una noches – Anónimo
8. Viaje al centro de la Tierra – Julio Verne
9. La isla del tesoro – Robert L. Stevenson
10. El fantasma de Canterville – Oscar Wilde
11. El diablo cojuelo – Luis Vélez de Guevara
12. El tulipán negro – Alejandro Dumas
13. El lazarillo de Tormes – Anónimo
14. La Odisea – Homero
15. Los miserables – Víctor Hugo
16. El conde de Montecristo – Alejandro Dumas
17. Don Quijote de la Mancha – Miguel de Cervantes
18. El último mohicano – Fenimore Cooper
19. Nuestra señora de París – Víctor Hugo
20. Simbad el marino – Anónimo
21. Cyrano de Bergerac – Edmond Rostand
22. Romeo y Julieta – William Shakespeare
23. María – Jorge Isaacs
24. La cabaña del tío Tom – Harriet Beecher Stowe
25. La Ilíada – Homero
26. El tesoro de los incas – Emilio Salgari
27. La divina comedia – Dante Alighieri
28. La vuelta al mundo en 80 días – Julio Verne
29. Prometeo encadenado – Esquilo
30. De la Tierra a la Luna – Julio Verne
31. Veinte mil leguas de viaje submarino – Julio Verne
32. Crimen y castigo – Fiódor Dostoyevski
33. La isla misteriosa – Julio Verne
34. Albert Einstein – Flores Lázaro

29612403R00083

Made in the USA
San Bernardino, CA
15 March 2019